Wolfgang Fach

Regieren: Die Geschichte einer Zumutung

[transcript]

Bibliografische Information der Deutschen Nationalbibliothek
Die Deutsche Nationalbibliothek verzeichnet diese Publikation in der Deutschen Nationalbibliografie; detaillierte bibliografische Daten sind im Internet über http://dnb.d-nb.de abrufbar.

Umschlaggestaltung: Kordula Röckenhaus, Bielefeld
Korrektorat: Burkhard Altevolmer, Bielefeld
Satz: Michael Rauscher, Bielefeld
Printed in Germany
Print-ISBN 978-3-8376-3606-2
PDF-ISBN 978-3-8394-3606-6

Gedruckt auf alterungsbeständigem Papier mit chlorfrei gebleichtem Zellstoff.
Besuchen Sie uns im Internet: *http://www.transcript-verlag.de*
Bitte fordern Sie unser Gesamtverzeichnis und andere Broschüren an unter: *info@transcript-verlag.de*

Wolfgang Fach
Regieren: Die Geschichte einer Zumutung

Edition Politik | Band 36

Wolfgang Fach, geb. 1944, war bis 2011 Professor für Politische Theorie und Ideengeschichte an der Universität Leipzig und dort als Prorektor auch mit »Bologna« befasst. Schwerpunkte seiner Forschung sind die Wandlungen des Politik-Begriffs sowie neue Formen des Regierens. Veröffentlicht hat er u.a. »Die Hüter der Vernunft« (1999), »Politische Ethik« (2003), »Die Regierung der Freiheit« (2003) und »Das Verschwinden der Politik« (2008). Außerdem ist er Mitherausgeber von »Behemoth. A Journal on Civilisation«.

Inhalt

1 Einleitung

Regieren heißt: »eine große, tumultöse Menge nach Belieben zu beschleunigen oder anzuhalten, dabei gleichsam als Seele zu wirken, die permanent auf den großen Körper einwirkt, ohne dass er davon viel merkt« (Fontenelle 1818, 313 f.). Manches davon kommt einem bekannt vor, anderes wirkt inzwischen eher fremd, und Neues ist seither hinzugekommen.

Regieren, auch das weiß Fontenelle, der französische Frühaufklärer, ist ein schwieriges und dazu undankbares Geschäft: Die Bürger eines gut regierten Staates »erfreuen sich wohlgeordneter Verhältnisse, ohne im Traum daran zu denken, welche Mühe es macht, diese herzustellen oder aufrechtzuerhalten. So wie sie auch die regelmäßige Bewegung der Himmelskörper bewundern, ohne zu wissen, wie es dazu kommt. Und je weiter sich die staatliche Ordnung der Perfektion des Universums nähert, desto weniger nimmt man sie wahr. Weshalb man ihren Wert umso weniger zu schätzen weiß, je vollendeter sie ist.« (Fontenelle 1818, 313)

Das Regieren ist also (nur oder doch in erster Linie) darum so lästig, weil seine Adressaten einen allzu hohen Anspruch stellen. Die Leute wollen so regiert werden, dass sie nichts davon merken – und je näher dieses Ziel rückt, desto weiter entfernt es sich gleichzeitig, weil immer kleinere Störungen als immer größere Zumutungen empfunden werden. Dass unter solchen Umständen Regierende häufig für unzumutbar halten, was von ihnen verlangt wird, kann niemanden verwundern. Welches Heldentum des Leidens und auch der Leidenschaft Max Weber dem ernsthaft arbeitenden Politiker abfordert, spricht Bände (Weber 1993). Allerdings wird sich die Zumutungsspirale nicht unaufhaltsam drehen, weil keine Seite sie am Ende aushält: Regierende geben auf oder werden geschasst, Regierte müssen damit rechnen, dass sie zur Räson gerufen oder getrieben werden. Es bleibt die Erkenntnis: ›Bürger‹ lassen sich nur schwer in Umlaufbahnen bringen.

Erst recht gilt dies für ›Menschen‹ – jene vorbürgerlichen Wesen, deren naturbelassene ›Wildheit‹ darin zum Ausdruck kommt, dass ihnen das Regiertwerden (von Staats wegen) grundsätzlich zuwider ist: ein Maximum an *Devianz*, gemessen daran, was Individuen mit dem rechten Verstand oder Glauben haben wollen. Wer seine fünf Sinne beisammen hat resp. zum richtigen – christlichen – Gott betet, *möchte* regiert werden, (fast) egal wie. »Gebt dem Kaiser, was des Kaisers ist«, sagen uns beide Quellen, Hirn und Herz, Hobbes und Luther. Entsprechend unverständig, ja ungehalten hat man Mal für Mal auf verwirrte Zeitgenossen reagiert, die ein Leben in wilden Umständen vorgezogen haben: sei es nach herumstreifender Indianer-Art auf Dauer, sei es – wie bei unseren Vorfahren, den mordbrennenden Bauern – immerhin so lange, bis der Ruf nach einem besseren Leben entweder erhört oder erstickt worden ist. Teil I handelt von solchen ›Verrücktheiten‹ und fragt auch danach, warum Regenten, einmal etabliert, ihren Untertanen häufig so wenig entgegengekommen sind, dass die sich ihre abgelegte Wildheit zwischendurch wieder übergestreift haben.

Allerdings hat später ein besser ›temperiertes‹ Regime der Menge in Grenzen Gehör verschafft, immer darauf bedacht, dass diese ihre Masse ganz friedlich – als plumpe »Kopfzahlmehrheit« (John St. Mill) – in die Waagschale würde werfen können. Davon handelt Teil II. Er rekapituliert unterschiedliche Strategien, das ungeschlachte Rohmaterial, den »Pöbel«, so lange zurechtzuhobeln, bis die Konturen eines geglätteten »Volkes« erkennbar werden. Restriktive Maßnahmen (indirekte Demokratie, limitiertes Wahlrecht, zensierte Meinungen) haben einen Teil der Zivilisierung erledigt, konstruktive Vorkehrungen (pädagogische Aufrüstung, religiöse Indoktrination) den anderen. Insofern versteckt sich hinter dem, was bis heute als Demokratisierung gefeiert wird, die Produktion von *Dominanz*.

Am fernen Epochenende stand die westliche Demokratie. Dieses Regime funktioniert grundsätzlich nach einer einfachen Gleichung: Massenloyalität gegen Wohlfahrtsstaat. Es bestätigte sich so eine These, die der Staatswissenschaftler Lorenz von Stein schon vor anderthalb Jahrhunderten vertreten hat: Dem Volk ist jede Verfassung recht, Hauptsache sie öffnet den Weg zur Verwaltung – speziell der des Wohlfahrtsbudgets. Eine Weile sah es so aus, als ob man ans Ende aller Zumutungen gekommen sei, weil unter solchen Auspizien »Regieren Spaß macht« (ein längst verblichener SPD-Slogan), auch den Regierten. Dieser Eindruck hat getäuscht, denn zur selben Zeit gab es Anzeichen dafür, dass beide Seiten auf *Distanz* zueinander – und damit auch zum »System« – gehen würden. Über Unregierbarkeit haben die einen geklagt, Politikverdrossenheit war den anderen anzumerken. Weil es aber irgendwie weitergehen musste, ist ein ›erratisches Denken‹ darüber in Mode gekommen, wie man sich mit den Verhältnissen arrangieren könnte. Geister wurden gerufen und Geister sind gekommen, darunter viele, von denen bis vor kurzem niemand (schlecht) geträumt hätte. Ihr Gesicht ist ganz ohne Zweifel Donald Trump. Verkehrt wäre es jedoch, diese Gestalt samt ihrem Gefolge ins Reich von Wahn und Wut abzuschieben: eine Gegenwelt, die mit allem bricht, was bisher war. Spätestens auf den zweiten Blick erweist sich, dass Trumps Triumph nur einen Trend in Tollerei verwandelt: die *Verweigerung von Komplexität.*

Alle drei Teile führen zur selben Frage: *Ties that bind?* Sprich: Ist ein Regime gefunden worden, dessen Zumutungen innerhalb des Zumutbaren geblieben sind? Solange der Rückblick informiert, fällt die Antwort leicht; was künftig passiert, hängt nicht zuletzt davon ab, was der Terror aus ›uns‹ macht.

Die Geschichte des Regierens kann man auf verschiedene Weise erzählen – beispielsweise als das Schicksal des »modernen Staates« (Reinhard 2007) oder »politischen Systems« (Schlögl 2014). Dann stehen andere Fragen im Zentrum und andere Faktoren kommen zum Zug: Man interessiert sich für Organisationsstrukturen bzw. Kommunikationsmedien, eben »subjektfreie Gewalt« (Gerstenberger 2006). *Regieren als Zumutung* erinnert daran, dass Strukturen und Medien nicht das Ganze sind, sondern lediglich Formen bestimmen, in denen Personen handeln, also durch Texte Taten sprechen lassen: ankündigen, begründen, erklären oder auch begehen. Der Worte sind deshalb nie genug gewechselt.

I Devianz

2 Fremdheit und Fortschritt

»Am Anfang«, glaubt John Locke, sei »die ganze Welt ein Amerika« gewesen: nichts als Natur und nichts, was man mit ihr hätte ›wirklich‹ anfangen können. Wann war dieser Anfang zu Ende? Nach Lockes Meinung, als die Leute auf den Gedanken verfallen sind, aus der Natur Kapital zu schlagen, nachdem sie das Geld erfunden hatten. Nun beginnt »der Mensch unverzüglich damit«, das, was in ihm offenbar angelegt ist, auch auszuleben, nämlich »seinen Besitz zu vergrößern« (Locke 1977, 230). Vorher war die allgemein attestierte Antriebsschwäche der Eingeborenen durchaus nachvollziehbar: »Denn«, fragt sich Locke, »welchen Wert soll ein Mensch zehn- oder hunderttausend Acres vortrefflichen, fertig bebauten und gut mit Vieh besetzten Bodens mitten im Innern Amerikas zumessen, wo er keinerlei Hoffnung hat, um mit der übrigen Welt Handel treiben zu können, um durch den Verkauf seiner Erzeugnisse Geld zu gewinnen?« (Locke 1977, 230)

Von hier nimmt die amerikanische Geschichte aber einen ganz anderen Verlauf, denn das Geld, nachdem es einmal in die Welt gekommen ist, eröffnet den Indianern kein neues Paradies auf Erden, sondern schließt sie von dessen Segnungen systematisch aus. Wie das? Offenkundig setzt Lockes Dynamikvorstellung Eigentum an Grund und Boden – soundso viele »Acres« – voraus. Für Indianer war das eine fremde Vorstellung, weil ihre Reproduktionsweise, die Jagd, mit Immobilien (Häusern, Ställen, Feldern etc.) nichts anfangen konnte. Zwar hätten sie mit ihren Produkten Geld verdienen können, aber auch diese Möglichkeit wurde ihnen verbaut: Die zivilisierte Idee, man könne eine Landmasse durch Bearbeitung in Eigentumsanteile parzellieren, hat den Indianern gewissermaßen den Boden unter den Hufen weggezogen (Armitage 2004, Damler 2008). Und weil Land »Hauptgegenstand des Eigentums« (John Locke) war, ging die ökonomische mit der territorialen Expansion Hand in Hand, weshalb wilde – nicht sesshafte – Völker immer mehr in die Defensive geraten sind.

2.1 Am Ende der Staat?

Dem Menschen sei es bestimmt, postuliert Hegel, im Staat zu leben – und »ist noch kein Staat da«, so sei dafür zu sorgen, »dass er gegründet werde« (Hegel 1986a, 159). Wer diese Forderung überhört, den überrollt die Geschichte.

Dass ›wildes‹ Leben ohne Staat im Moment seiner Konfrontation mit dem zivilisierten den Kürzeren ziehen würde, ist heute eine Selbstverständlichkeit – und war es auch früher schon. Hegel selbst drückt dieses ›mismatch‹, wieder am amerikanischen Fall demonstriert, so aus: »Physisch und geistig ohnmächtig hat sich Amerika immer gezeigt und zeigt sich noch so. Denn die Eingeborenen sind, nachdem die Europäer in Amerika landeten, allmählich an dem Hauche der europäischen Tätigkeit untergegangen.« (Hegel 2012, 108) Allmählich sind sie weggehaucht worden. Erkennbar hat Hegel weniger das militärische Ungleichgewicht im Sinn (Feuerwaffen gegen Pfeil und Bogen) als vielmehr eine, nicht nur von ihm bemerkte, zivilisatorische Differenz. Auf der einen, schwächeren Seite stehen einheimische Wilde, welche sich in erster Linie dadurch auszeichnen, dass sie *nicht* arbeiten. Das gilt jedenfalls für den Teil, der zählt, die Männer. Deren Renitenz sticht zivilisierten Beobachtern ins Auge. Auch dem Jesuitenpater Joseph-François Lafiteau, einem bis heute geschätzten Zeitzeugen, erscheint der Müßiggang bemerkenswert: »An den Arbeiten im Dorf beteiligen sich die Männer nicht. Sie machen aus ihrer Trägheit keine große Geschichte – oder nur insoweit, als sie zu verstehen geben, dass sie für Größeres, vor allem den Krieg, geboren sind.« (Lafiteau 1724, 161) Selbst das Jagen und Fischen würden sie wohl den Frauen überlassen, wären diese Aktivitäten kein gutes Training für den Ernstfall. Die eigentliche Arbeit jedenfalls tun die anderen – sie bleibt den Frauen überlassen.

Scharf kontrastiert damit die *vita activa* des fortgeschrittenen Teils der Menschheit in Amerika: »Es waren industriöse Europäer, die sich des Ackerbaus, des Tabak- und Baumwollbaues usw. befleißigten. Bald trat eine allgemeine Richtung auf die Arbeit ein, und die Substanz des Ganzen waren die Bedürfnisse, die Ruhe, die bürgerliche Gerechtigkeit, Sicherheit, Freiheit und ein Gemeinwesen, das von den Atomen der Individuen ausging, so dass der Staat nur ein äußerliches zum Schutz des Eigentums war.« (Hegel 2012, 111f.) Der Staat – eine nützliche Einrichtung, entstanden aus dem Bedürfnis »industriöser« Menschen, den Ertrag ihrer Arbeit vor dem Zugriff arbeitsscheuer Aggressoren zu schützen. Doch früher oder später verlangt nach ihm auch die »besitzindividualistische« Motorik. Sie ist, ganz wörtlich verstanden, raumgreifend, daher wird irgendwann der Platz knapp, und die Fleißigen müssen sich anderweitig umsehen. Welche gewaltigen Veränderungen, aufs Ganze gesehen wie in politischer Hinsicht, das scheinbar harmlose Ereignis nach sich zieht, liest Hegel am europäischen Fortschritt ab: »Was nun das Politische in Nordamerika betrifft, so ist der allgemeine Zweck noch nicht als etwas Festes für sich gesetzt, und das Bedürfnis eines festen Zusammenhaltens ist noch nicht vorhanden, denn ein wirklicher Staat und eine wirkliche Staatsregierung entstehen nur, wenn bereits ein Unterschied der Stände da ist, wenn Reichtum und Armut sehr groß werden und ein solches Verhältnis eintritt, dass eine große Menge ihre Bedürfnisse nicht mehr auf eine Weise, wie sie es gewohnt ist, befriedigen kann.« So weit ist es aber noch nicht: Fürs Erste geht das Land »dieser Spannung noch nicht entgegen, denn es hat unaufhörlich den Ausweg der Kolonisation in hohem Grade offen, und es strömen beständig eine Menge Menschen in die Ebenen des Mississippi. Durch dieses Mittel ist die Hauptquelle der Unzufriedenheit geschwunden, und das Fortbestehen des jetzigen bürgerlichen Zustandes wird verbürgt.« Sobald aber, fährt Hegel fort, »wie in Europa die bloße Vermehrung der Ackerbauern gehemmt ist, werden sich die Bewohner, statt hinaus nach Äckern zu drängen, zu städtischen Gewerben und Verkehr in sich hineindrängen, ein kompaktes System bürgerlicher Gesellschaft bilden und zu dem Bedürfnis eines organischen Staates kommen« (Hegel 2012, 113 f.; diese Geschichte ist später öfters wiederholt worden, wiewohl unter anderen Vorzeichen; klassische Texte sind Sombart 1906, Turner 1931).

Hegels Genealogie – Staatlichkeit als Folge von Zivilisation – stellt eine Kopfgeburt auf die Füße, der seit Hobbes etwas Selbstverständliches anhaftet. Ohne Zentralgewalt, heißt es bekanntlich im *Leviathan*, gibt es keine Lebensqualität: »keinen Ackerbau, keine Schifffahrt, keine Waren, die auf dem Seeweg eingeführt werden können, keine bequemen Gebäude, keine Geräte, um Dinge, deren Fortbewegung viel Kraft erfordert, hin und her zu bewegen, keine Kenntnis von der Erdoberfläche, keine Zeitrechnung, keine Künste, keine Literatur, keine gesellschaftlichen Beziehungen«. Fehlt der Staat, ist das Leben »einsam, armselig, ekelhaft, tierisch und kurz« (Hobbes 1984, 96). Egal wie herum – beide Denker sind Klassiker geworden, weil die Nachfahren von ihrem Denken nicht loskommen, bis heute und selbst in Kreisen, die im Feld und am Fall geforscht haben: »Große, politisch komplexe Gesellschaften«, schreibt Napoleon A. Chagnon, »sind ausnahmslos eine Folge davon, dass verwandtschaftlich oder nepotistisch organisierte Ordnungen durch jene Macht abgelöst worden sind, die Hobbes zufolge den Menschen Ehrfurcht einflößt, d.h., durch den Staat und sein Gesetz.« (Chagnon 2013, 231) Andernfalls höre der Hobbes'sche »Krieg eines jeden gegen jeden« (Hobbes 1984, 96) nie auf: »Stammeskriege tendieren dazu, chronisch zu werden, weil es keine starken Machtmonopole gibt, die den Frieden erzwingen können.« (Jared Diamond, in: The Guardian, 03.02.2013) Das Heil müsste man den Heillosen schon bringen.

Der Fortschritt drängt zum Staat, den Wilden drängt es nicht. So viel steht fest. Dass sich das westliche Denken, hier wie überhaupt, an Hobbes gehalten und Hegels Erzählung verdrängt hat, bleibt gleichwohl nicht folgenlos. Macht es doch einen großen Unterschied, ob der ›wilden‹ Natur *Fleiß* (Hegel) oder *Einsicht* (Hobbes) abgeht, wenn sie den Staat nicht hat. Denn: Faulheit ist eine Lebensform, Dummheit nicht, jene kann man wählen, mit dieser ist man geschlagen.

Wer für den Staat zu faul ist, hat eine Entscheidung getroffen, deren Plausibilität selbst dem großen Propheten des »industriösen« Lebens, Benjamin Franklin, zu denken gibt. Diese merkwürdige Erfahrung hält er 1753 fest: »Ein Indianer-Kind mag bei uns aufgewachsen sein, unsere Sprache gelernt und sich an unsere Sitten gewöhnt haben. Und dennoch: Wenn es seine Stammesangehörigen wieder sieht und mit ihnen einmal auf Wanderschaft gegangen ist, dann gibt es kein Zurück mehr. Dass das keine spezifisch indianische Vorliebe ist, sondern ein allgemein menschlicher Zug, dies zeigt sich daran: Weiße Kinder, egal ob Jungen oder Mädchen, seien von Indianern verschleppt und einige Zeit später wieder freigekauft worden. Dann mag man sie noch so liebevoll umsorgen, um ihnen das englische Leben zu versüßen – es wird ganz schnell so weit kommen, dass diese Kinder von unserer Art zu leben und dem Aufwand, den es dafür braucht, angewidert sind. Daher nehmen sie die erste sich bietende Gelegenheit wahr, um wieder in die Wälder zu flüchten, woraus sie niemand mehr zurückholen wird.« (Franklin 2003, 74f.)

Was er im Kleinen beobachtet, erklärt sich für Franklin aufs Ganze gesehen: »Die menschliche Natur tendiert zu einem Leben, das bequem ist, dazu frei von Sorgen und Mühen. Das kann man daran erkennen, wie wenig Erfolg alle Versuche gehabt haben, unsere amerikanischen Indianer zu zivilisieren. So wie sie jetzt leben, liefert ihnen die Natur fast alles, was sie brauchen. Zugesetzt werden muss nur ganz wenig Arbeit – sofern Jagen und Fischen den Namen ›Arbeit‹ überhaupt verdienen, wo Wild im Überfluss vorhanden ist. Die Indianer kommen häufig zu uns und haben genügend Verstand, um die Vorzüge zu erkennen, die mit Gewerbe, Wissenschaft und einer stabilen Gesellschaft verbunden sind. Gleichwohl haben sie niemals auch nur die geringste Neigung gezeigt, ihr Leben mit unserem zu tauschen oder unsere Gewerbe zu erlernen.« (Franklin 2003, 74) Franklin trifft also nicht auf baffes Staunen und stupides Unverständnis, sondern hat es mit Leuten zu tun, die notieren, was ihnen da geboten wird, dann abwägen und zum Schluss kommen, dass es der Fortschritt nicht wert ist.

»Wilde Kerle« haben gute, womöglich sogar bessere Gründe. Der Ursprung des möglichen Attraktivitätsgefälles liegt in einer humaneren »Work-Life-Balance«: Indianer, resümiert Franklin, »haben nur wenige – natürliche – Bedürfnisse, die sich leicht befriedigen lassen. Wir dagegen habe endlos viele, künstlich erzeugt und gleichwohl keinen Deut weniger dringend, aber sehr viel schwerer zu stillen« (Franklin 2003, 75). Also: Das Natürliche ist das Vernünftige, während ein zivilisiertes Leben künstlich erzeugte Bedürfnisse mit mühsam antrainierter Arbeitswut ohne Ende bezahlt. Franklins Landsleute sehen das zwar anders, doch mehr als ein Unentschieden ist in diesem Vergleichsgeschäft nicht drin: »Wilde nennen wir sie wegen ihrer anderen Sitten und Gebräuche. Wir halten unsere eigenen für die Vollendung der Kultur, sie denken dasselbe von ihren.« (Franklin 2003, 368) Auch ohne Staat kann das Leben attraktiv sein. Sogar noch 1784, nachdem der Krieg um die eigene Unabhängigkeit schon gewonnen war.

Beachtenswert ist Franklins Genealogie der modernen Gesellschaft und ihres starken Staates: mitnichten Ausdrucksform, geschweige denn Endstadium einer zivilisatorischen Höherentwicklung, stellen sie sich ihm als notwendige Übel dar, geboren aus Konsumgier und Verteilungskonflikten. Das Verdikt, regiert werde letzten Endes »not from choice, but from necessity« (Franklin), weil es der sozial-ökonomischen Verdichtung wegen nicht mehr anders gehe (Hegel), müsste dann insoweit ergänzt werden, als die Agglomeration selbst wieder davon angestoßen worden ist, dass ›natürliche‹ Knappheiten entdeckt, ja künstlich geschaffen worden sind (Xenos 1990). Man hätte sie vermeiden können – und manche wollten das auch. Allen voran Thomas Jefferson, der sich als »savage of the mountains of America« vorgestellt hat: Sein Leitbild war der »virtuous farmer«, und Europa galt ihm als ein einziger Hort der Verkommenheit (Jefferson 1985, 390 ff.). Der Trend, sekundiert durch Feuerwaffen und -wasser, ging jedoch in eine andere Richtung – das »industriöse« Moment hat sich nicht bremsen lassen.

2.2 Wildheit wählen

Wem soll man glauben: Hobbes, der Menschen, die keinen Staat zustande bringen, für verrückt hält? Oder Hegel, dessen Meinung nach ein faules Leben ohne Staat auskommt? Oder wäre es gar denkbar, dass man – wissentlich und willentlich – auf den Staat *verzichtet*, weil auch dafür vernünftige Überlegungen sprechen mögen? »Wildes Denken« also (wiewohl von ganz anderer als der gewöhnlichen Art; s. Lévi-Strauss 1973).

Unbestritten ist immerhin: ›Wilde‹ denken nach. Dass die kriegerische Existenz Kopfarbeit impliziert, ist sogar dem Neugierigen aufgefallen, den das wilde Treiben alles in allem einfach ratlos macht. Darunter fällt auch Caspar Gottschling, ein Amateurethnologe aus Halle, dessen Befremden zwar tief sitzt, gleichwohl aber Platz lässt für Unerwartetes. Gerade dann, wenn Indianer ihren Müßiggang unterbrechen, um sich auf den Kriegspfad zu begeben, lassen sie, seinen Recherchen zufolge, Vernunft walten – und sehen nicht einfach rot: »In Krieges-Sachen«, berichtet er, »nehmen sie niemals ohne reife Überlegung des Rats etwas vor. Dieser besteht aus allen Alten der Nation, das ist, aus solchen Männern, welche über sechzig Jahre alt sind. Ehe sich dieser Rat versammelt, so berichtet solches der Ausrufer zuvor durch das Geschrei, welches er macht, in allen Gassen des Dorfes. Hierauf kommen diese alten Leute in einer gewissen Cabane [Hütte], welche dazu ausersehen ist, zusammen.« Nachdem »sie nun über alles dasjenige, was der Nation zum Besten gereichen kann, sich beratschlagt haben, so geht der Redner aus der Cabane heraus, und die Jungen schließen ihn mitten in einen Zirkel, welchen sie machen, ein. Alsdann hören sie die Beratschlagungen der Alten mit großer Aufmerksamkeit an, und schreien allezeit zu Ende eines jeglichen Periodi [Satzes]: Sehet, das ist gut!« (Gottschling 1713, 219 f.) Der Stubengelehrte stößt hier auf ein Phänomen, das man in wilden Zirkeln nicht vermutet hätte, dessen Existenz aber auch von Augenzeugen wie Lafiteau, dem Jesuitenpater, berichtet wird: »Der Kriegsrat legt sich nie auf einen

Krieg fest, ohne dass er nicht gründlich die Strategie durchdacht sowie das Für und Wider reiflich überlegt hätte. Damit beschäftigen sich alle Versammlungen. Man prüft dabei sorgfältig sämtliche Folgen, die ein Vorhaben von solcher Reichweite haben könnte. Die Mittel, über welche man verfügt, und die Maßnahmen, die sich gegebenenfalls ergreifen lassen, werden erwogen, wobei nicht die kleinste Vorsichtsmaßnahme vernachlässigt wird.« (Lafiteau 1724, 170 f.)

Also keine Spur von viriler Militanz, kein Anzeichen einer überhitzten Aggressivität, keine Wildheit, der jede x-beliebige Gelegenheit, ihr Mütchen zu kühlen, zupasskommt. Stattdessen eine ausgeklügelte Gewaltenteilung, die Deliberation (Alte) und Exekution (Junge) nach Maßgabe der unterschiedlichen Qualitäten (Erfahrung vs. Athletik) zuweist, gepaart mit einem Entscheidungsprozess, dessen Resultate kommunikativ vermittelt und konsensuell festgelegt werden. Wenn es darauf ankommt, wissen diese Leute ihren Verstand offenbar sehr wohl zu nutzen. Was indessen nicht heißen soll, sie würden ihn bei anderer Gelegenheit zwangsläufig brachliegen lassen – für gewöhnlich »sehr sensibel und scharfsinnig« seien die wilden Objekte seines Interesses, berichtet Andrés Bernáldez, ein spanischer Geistlicher, der sein Wissen Christoph Columbus verdankt (Bernáldez 1838, 59). Auf den zweiten Blick erweist sich die ›wilde‹ Existenz ein ums andere Mal als eine Herausforderung, die den Verstand stimuliert und sich ohne Intelligenz nicht bewältigen lässt. Laufend müssen ganz unterschiedliche Fähigkeiten aktiviert werden, manchmal reicht handwerkliches Geschick, zu anderen Zeiten ist strategisches Denken gefragt: »In erster Linie«, so zeichnet der Baron de Lahontan, seinerzeit ein renommierter Gentleman-Anthropologe, den idealen Wilden, »muss er folgende Qualitäten mitbringen und Dinge beherrschen: lange Märsche, Jagen, Fischen, Schießen (mit Pfeil und Bogen oder Gewehr), ein Kanu steuern, Kriegsführung, die Kenntnis der Wälder, unermüdliche Ausdauer, Genügsamkeit, Bau von Hütten und Kanus« (Lahontan 1704, 55).

Aber: Genügt eine instrumentelle Vernunft, deren es ersichtlich bedarf, um wildes Leben zu bewältigen, für die Einsicht in den zivilisatorischen Mehrwert des Staates? Glaubt man Hobbes, dann gibt es kein Problem – wer diesen Vorteil übersieht, ist nicht wild, sondern dumm (gehalten worden). Umgekehrt ist das »primitive Denken« durchaus auf der Höhe, falls es einen Frieden ablehnt, dessen ganzer Zweck darin besteht, ihm den Garaus zu machen, weil er permanent mobile, habituell arbeitsscheue, notorisch militante Menschen – Männer – nicht brauchen kann. Darauf spielt, vor Ort mit dem Thema konfrontiert, auch Thomas Jefferson an, überraschend klarsichtig für diese Zeit (1785): »Höchstwahrscheinlich hat es in alten Zeiten«, so beginnt seine Rekonstruktion der indianischen Geschichte, »drei Stämme gegeben, die im Laufe der Zeit immer größer geworden sind und sich in viele kleine Gesellschaften auseinanderdividiert haben. Dieser Spaltpilz findet seinen Nährboden darin, dass Indianer sich niemals irgendeinem Gesetz, irgendeiner Gewalt oder auch nur dem Schatten einer Regierung unterworfen haben.« Und weiter: »Man hält es für ausgemacht, dass große Gesellschaften ohne Staat nicht existieren können. Die Wilden brechen sie daher in kleine herunter.« (Jefferson 1985, 133f.) Anders gesagt (mit Clastres 1976) und aufs Schärfste zugespitzt: Entweder soll der Staat den Krieg eliminieren (›wir‹) oder der Krieg den Staat verhindern (›die‹).

In manchen Regionen scheint man Staatsfeindschaft tatsächlich so konsequent ausgelebt zu haben. Andere waren Schauplatz subtilerer Formen des hartnäckigen Widerstands gegen Zumutungen von Zentralen. Sie belegen, dass unterhalb des blutigen Krieges ein ganzer Katalog wilder Strategien existiert, mit deren Hilfe selbst ›maximalinvasive‹ Behandlungen pariert werden können: die »Kunst, nicht regiert zu werden« (Scott 2009). Es manifestiert sich dort eine verdeckte Intelligenz des Schwächeren, derer sich Menschen immer wieder bedient haben (und bis auf den heutigen Tag bedienen), wenn sie Herrschaftsansprüche abwehren wollen, den ungeschützten Affront aber scheuen müssen. Zumindest haben Invasoren, die nicht nur Vertreibung oder Vernichtung im Kopf haben, sondern auf *Verwertung* aus sind, viel Arbeit vor sich – wie ein französischer Besatzungsoffizier aus leidvoller Erfahrung berichten kann: »Diese Leute, die überall und nirgends sind, müssen in Einheiten gruppiert werden, damit man sie dingfest machen kann.« Denn: »Haben wir sie einmal in unserer Hand, lässt sich mit ihnen manches anstellen, was heute noch nicht funktioniert. Sobald wir die Körper gefasst haben, mag es sogar möglich sein, ihre Hirne in den Griff zu bekommen.« (Zit. bei Scott 2009, 98)

Gegen den Strich gebürstet verwandelt sich das Rezept des Besatzers in eine Regieanweisung für den Staatsfeind: Er soll seinen Kopf nutzen, um seinen Körper zu schützen. Was noch einmal verdeutlicht, dass Wildheit kein primitives Relikt sein muss, sondern unter bestimmten Umständen eine durchaus intelligente Strategie ist: »a deliberative and reactive statelessness«. Im konkreten Fall ist es sogar die einzige, weil sich nur primitive Existenzen nicht »gruppieren« lassen. Wer von der Macht katalogisiert werden kann, wird für die Macht disponibel, sprich: »legible, taxable, assessable, and confiscatable« (Scott 2009, X, 5).

Ganz handgreiflich wird die rebellische Entzugspolitik, wo sie sich als geographische Mobilität äußert. Stämme retirieren immer weiter in fern abgelegene und unwegsame Regionen, um ihrer ›Verwertung‹ durch übermächtige Nachbarn zu entgehen; andere verlegen sich aufs ›Wandern‹ und wechseln regelmäßig ihre Standorte. So oder so sind sie entweder gar nicht bzw. nur mit prohibitiv hohem Aufwand fassbar. Natürlich fallen für diese Gruppen auch beträchtliche Selbstkosten an: in Form einer – gewollten – Verwilderung (»self-barbarization«), die dieser unablässig beweglichen Existenz eingeschrieben ist. Was Hobbes vom militanten Leben sagt – es sei einsam, armselig, ekelhaft, tierisch und kurz –, trifft auch aufs mobile zu. Das Klima in den Bergen ist rauh, die Ernährung simpel, der Sozialkontakt rudimentär, und wer andauernd wandert, fängt immer wieder von vorne an. Dafür lebt man frei, in einem sehr konkreten Sinn: unbehelligt von staatlichen Instanzen, welche darauf aus sind, »die Arbeitskraft zu kontrollieren, produktive Ressourcen zu besteuern und sich den Zugriff auf Bevölkerungsgruppen zu sichern, die als Soldaten, Diener, Mätressen und Sklaven« fungieren (Scott 2009, 129 f.). Diese Gelüste bleiben über Zeiten und Regionen hinweg weitgehend konstant (Sigrist 1994).

Wem die Möglichkeit zu entwischen verbaut ist, der muss, um fremde Herrschaftsgelüste abzuwehren, eine Art Stellungskrieg anzetteln. Dort, wo solche Konfrontationen aufgebrochen sind, lassen sich mancherlei Taktiken studieren, die allesamt darauf setzen, dass produzierte Primitivität ein Zustand ist, den niemand, auch keine bürokratisch aufgerüstete Zentralmacht, einfach zu durchdringen vermag (übrigens bis heute, wie das aktuelle Flüchtlingsproblem vorführt). Wer sucht, der wird dann entweder überhaupt nichts oder nichts Verlässliches finden. ›Eskapisten‹ löschen oder wechseln ihre Identität. Eine Methode besteht darin, Schriftlichkeit konsequent zu meiden: keinerlei Urkunden, Verträge, Aufzeichnungen etc. Denn »sobald ein Text da ist, gibt es auch eine Referenz« (Scott 2009, 227), mit deren Hilfe kontrolliert werden könnte, ob das, was der neugierigen Macht aufgetischt wird, wahre Geschichten oder schlaue Erfindungen sind. So verschwinden existenzsichernde Freiheitsgrade des Erzählens. Am besten, es gibt überhaupt nichts Habhaftes, an dem sich Annexionsmächte orientieren können. Um diesem Ideal so nahe wie möglich zu kommen, sind manche Gruppierungen den letzten Schritt der Selbstverleugnung gegangen und haben sich für den Analphabetismus entschieden. »In einer oralen Gesellschaft«, zeigt die Erfahrung mit dem Verzicht aufs Schreibvermögen, »ist es vergleichsweise leicht gefallen, die eigene Geschichte den Gegebenheiten dadurch anzupassen, dass Beweise getürkt werden. Denn es hat kaum etwas gegeben, mit dessen Hilfe es möglich gewesen wäre, irgendwelche Behauptungen nachzuprüfen.« (Nieke 2005, 239) So haben Leute ad libidum individuelle oder kollektive Identitäten kreiert, mal diese, mal jene, manchmal auch zwei zugleich, zwischen denen sie dann chamäleongleich nach Bedarf wählen konnten.

Derartige Vermeidungsstrategien und Verweigerungstechniken resultieren aus einer erstaunlich erfindungsreichen »Abneigung gegen Befehle« (Sigrist 1994) – und gegen jenes aufdringliche Regieren, das in domestizierten Hirnen seit Hobbes als unabdingbar gilt. ›Wildheit‹ ist dann kein Mangel, sondern eine Option, die, konfrontiert mit der Penetranz des Staatsapparats, reizvoll erscheinen mag – falls man die Wahl hat. Denn (Herrschafts-)Entzug und (Geschichten-)Erfindung reüssieren nur dort, wo, und so lange, wie ›regierungsarme‹ Zonen existieren. An Orten, wo sich dieselbe Virtuosität nicht zeigt, ist davon auszugehen, dass dieser Mangel auch mit einem höheren Grad an *herrschaftlicher Durchdringung* zusammenhängt. Haben sich lästige Obrigkeiten im Alltag erst einmal festgesetzt, macht ›wildes‹ Leben ›wildem‹ Verhalten Platz: Plünderung, Totschlag, Aufruhr, Bürgerkrieg.

2.3 Beherrschte Wilde

Der Bürger- war zunächst ein Bauernkrieg. Ins Visier sind Feudalherren geraten, deren Praktiken den Landmännern übel aufgestoßen sind, und was sich daraus entwickelt hat, macht ein (1792 gedrucktes) Theaterstück des zurecht vergessenen Benedikt Dominik Anton Cremeri besonders klar. Es dramatisiert den historischen *Bauernaufstand ob der Enns*, und seine ›Kunst‹ besteht darin, dessen Hergang als Holzschnitt zu präsentieren, so dass der Konflikt exemplarisch ans Licht kommt.

Gleich zu Anfang werden die Fronten abgesteckt. Der Statthalter Freiherr von Herberstorff empfängt eine Delegation an- und aufsässiger Bauern, um sein vollkommenes Unverständnis für den gezeigten Ungehorsam zu erklären. Er beschimpft sie als »hässliche« Wölfe im Schafspelz, die keinen Anspruch darauf erheben dürften, wie Bürger behandelt zu werden: »Der kann nicht Bürger heißen, der sich seinem Fürsten widersetzt. Nur Gehorsam gegen die rechtmäßige Gewalt, von dem das Glück der Staaten abhängt, macht den Menschen zum Bürger. Ohne Einordnung ist er Naturmensch, in einer bürgerlichen Gesellschaft gefährlicher als ein reissendes Tier, der Fluch des Staates.« (Cremeri 1792, 7f.) ›Wilde‹: das sind nicht mehr jene, die keine Geschichte haben (wollen) oder des Schreibens unkundig sind (sein wollen); jetzt fällt darunter, wer sich als Bürger oder Untertan, also nicht in zivilisatorischer, sondern politischer Hinsicht disqualifiziert hat. Den Bühnen-Bauern jedenfalls schlägt ihr gesellschaftsfähiges Verhalten – geschliffene Sprache, Kenntnis der Etikette – sogar zum Nachteil aus, weil es als Verstellung gewertet wird.

Aus ihrer Warte geht es auch keinesfalls darum, für ein Leben in Wildheit den Regenten mit aller Gewalt abzuschütteln. Das Ressentiment gegen ihre Regierung speist sich vielmehr aus dem Gefühl, ungerecht behandelt worden zu sein. Im konkreten Fall geht es um die rechte Religion (katholisch/protestantisch), deren Bedeutung sich für den Bauern damals nicht darin erschöpft, dass ihr Verhaltenskatalog zum ewigen Leben führt. Legt sie doch fest, was man dem Kaiser geben muss, weil es des Kaisers ist, soll heißen: welche Abgaben in welcher Höhe der Obrigkeit geschuldet sind. Nur allzu verständlich möchte man »einen Glauben, einen Tempel, und einen Pastor« (Cremeri 1792, 11) nach eigenem Geschmack haben, um über den gottgefälligen Betrag mitbestimmen zu können. Pastorale Breitseiten gegen aristokratische Beutelschneider mochten Erleichterungen bewirken, zumindest haben sie der eigenen Sache zu göttlichem Segen verholfen. Herberstorff verdächtigt seine Kontrahenten genau dieser Taktik und entlarvt die aus seiner Sicht fadenscheinige Moral des bäuerlichen Protestes: »Nicht Religionslehrer, Staatsverbrecher« gelte es zu verhindern, die »Religion und Vaterland verraten«, indem sie den Bauern im Gewand der Bibel »Untreue und Empörung« predigen. Vor deren Ankunft hätte man ja »Steuern und Gaben willig als notwendige Hilfsmittel zum Wohl des Landes hingegeben« (Cremeri 1792, 6).

Der theatralische Augenblick verdichtet Interessengegensätze, Gewissenskonflikte und Zumutbarkeitsgrenzen, die den populistischen Affekt gegen das Regieren in staatlich verdichteten Räumen charakterisieren. Auch beleuchtet er eine fortlaufende Unsicherheit: Sperrt sich der »gemeine Mann« (Blickle 2011) gegen jegliche Regentschaft (generalisiertes

Ressentiment) oder gilt sein Widerwille lediglich bestimmten Zumutungen – oder lässt sich beides möglicherweise gar nicht trennen? Die Kontrahenten agieren so, als ob es ums Ganze gehe, also Seele und Staat auf dem Spiel stehen würden; sie können einander aber nicht überzeugen. Irgendwann sind dann der Worte genug gewechselt.

Ein verwandter Fall, dieses Mal aus dem wirklichen Leben gegriffen, lässt erahnen, wie schwierig es gewesen sein muss, die Aufmüpfigkeit kleiner Leute zu taxieren. 1525 rebelliert die Landbevölkerung des Voralpenraums ›haufenweise‹, der sog. »Bauernkrieg« bricht aus. Wenn dessen lose Ereigniskette im Rückblick zur Revolution erklärt werden kann und schon damals als »eine große, ungehörte Empörung des gemeinen Mannes« (Blickle 2004, 1) erschienen ist, dann geht diese Aufwertung nicht zuletzt darauf zurück, dass ein rudimentäres Programm die rebellischen Schauplätze verkoppelt hat. In *Zwölf Artikeln* wurde zusammengetragen, was man geändert sehen wollte. Wie bei Cremeris Aufständischen steht die Religionsfrage ganz oben: »Jede Gemeinde soll das Recht haben, ihren Pfarrer zu wählen und ihn abzusetzen, wenn er sich ungebührlich verhält. Der Pfarrer soll das Evangelium lauter und klar ohne allen menschlichen Zusatz predigen, da in der Schrift steht, dass wir allein durch den wahren Glauben zu Gott kommen können«. Gerade vor dem Hintergrund der traditionell engen Verzahnung von politischer Herrschaft und heiliger Schrift (später im Motto *cuius regio, eius religio* festgeschrieben) ist das Bekenntnis zu Gott alles andere als nebensächlich, geschweige denn beruhigend: Wollen diese Schafe doch selbst bestimmen, wer sie weidet – und den Hirten gegebenenfalls verjagen, falls sein Evangelium an ihren Vorstellungen vorbeigeht. Unter solchen Umständen mutiert Gott schnell von einer Ordnungskraft zur Gegenmacht.

Wie schnell aus den Elementen Glaube, Kirche und Pastor ein brisantes Gemisch werden kann, enthüllen die nachfolgenden Artikel des bäuerlichen Beschwerdenkatalogs. Gottes Wort liefert hier den durchschlagenden Grund, um an der leidigen Abgabenlast zu drehen. Im Vordergrund steht der Wunsch, bestimmen zu können, was mit dem abgeführten Geld passiert: Damit sollen, heißt es, »die Pfarrer besoldet werden«, etwaige Reste seien »für die Dorfarmut und die Entrichtung der Kriegssteuer« zu verwenden. Man will selbst disponieren, aber natürlich auch weniger bezahlen: etwa keine Abgabe aufs Vieh, weil sie »von Menschen erdichtet ist, denn Gott der Herr hat das Vieh dem Menschen frei erschaffen.« Herrschaftliche Ansprüche gelten als haltlos, wenn sie, nach

›rustikaler‹ Lesart, in der Bibel keinen Halt finden. Gott als Argument – eine immer und überall praktizierte Strategie, um willkürliche Angriffe auf den eigenen Lebensraum abzuwehren, wenigstens argumentativ. Sie bewährt sich auch auf der nächsten Eskalationsstufe: Es sei, postulieren die Bauern, »dem Wort Gottes nicht gemäß, dass der arme Mann nicht Gewalt hat, Wildbret, Geflügel und Fische zu fangen. Denn als Gott der Herr den Menschen erschuf, hat er ihm Gewalt über alle Tiere, den Vogel in der Luft und den Fisch im Wasser, gegeben.« Die Herren dürfen nicht nehmen, was der Herr nicht genommen hat (alle Zitate bei Laube/Seiffert 1975, 27 ff.).

Die Verwertung des Schöpfers und seiner transzendentalen Gerechtigkeit (Neveu/Österberg 1997, 166) kulminiert schließlich darin, dass das göttliche Recht auch gegen den feudalen Verfassungspakt – Schutz gegen Abhängigkeit – selbst in Anschlag gebracht wird: »Ist der Brauch bisher gewesen, dass man uns für Leibeigene gehalten hat, welches zu Erbarmen ist, angesehen dass uns Christus alle mit seinem kostbaren Blutvergießen erlöst und erkauft hat, den Hirten gleich wie den Höchsten, keinen ausgenommen. Darum ergibt sich aus der Schrift, dass wir frei sind und sein wollen.« (Laube/Seiffert 1975, 28) *Freiheit* – das Wort ist ein Fanal des Schreckens und bei Feudalherren vom Schlage Herberstorffs auch so angekommen: der Hinweis darauf, dass dies nur die Anfänge sind und sie den Anfängen wehren müssen. Ihre Strategie lief darauf hinaus, Freiheit als Wildheit anzuprangern.

Tatsächlich konnte von einer ›Verwilderung‹ keine Rede sein, wenigstens nicht in dem Sinne, dass es den bäuerlichen Rebellen darum gegangen wäre, jegliche Unterordung kategorisch abzuwehren – das revidierte Ziel bestand darin, sich *in* der Ordnung Freiräume zu sichern, die es ihnen erlauben würden, (auch) auf eigene Rechnung zu leben. »Wir wissen«, konzedieren die murrenden Bauern im Klettgau (um 1600), »dass alle Untertanen eine Obrigkeit haben müssen und sollen und sie derselbigen allen pflichtgemäßen Gehorsam zu leisten schuldig sind.« (Schulze 1998, 425) Ganz ohne Herrschaft, gesteht man den Herren zu, geht es nicht. Doch damit ist keineswegs impliziert, dass das real existierende Regime entlastet wäre – und schon gar nicht die »nähere Obrigkeit«, der lokale Feudalherr, dessen Repression besonders handgreifliche Formen annimmt und sich daher als Anlass für gerechten Zorn besonders gut eignet (s. Blickle u. a. 1980, 211 ff.). Vor den Rebellen findet am Ende nur Gnade, wessen Regiment sich *ihrer* Meinung nach an göttliches Recht hält: »Was uns das göttliche Wort nimmt und gibt, dabei wollen wir allezeit gerne bleiben und uns nach demselben Wohl und Wehe geschehen lassen«, verkünden die Wortführer des *Baltringer Haufens*, andere Haufen folgen ihnen nach und machen jene »Zwölf Artikel« zum revolutionären Manifest ihrer Aufstände (Blickle 2004, 146).

Selbst dem Stellvertreter Gottes, ob Kaiser oder König, gestanden diese Bauern keine Sonderbehandlung zu. ER hatte ihn zwar eingesetzt, doch sie wussten mit welcher Ordre: nämlich allzeit zu verhindern, dass die kleinen Leute »mit neuen Auflagen beladen werden, die gegen Sitte und Recht verstoßen« und über ihre Kräfte gehen (Blickle u. a. 1980, 212). Frankreichs Bauern sind dabei so weit gegangen, ihren König in einen »leeren Signifikanten« (Ernesto Laclau) zu verwandeln – den Souverän *à la carte*, dessen Wille sich nach Bedarf und Belieben biegen lässt: »Es lebe der König ohne die Salzsteuer!« (Le Roy Ladurie 1987, 371; Kula 1986) Wenn das mit dem gegenwärtigen Regenten nicht zu machen ist, sucht man sich den passenden und geht, wenn es sein muss, bis auf Charlemagne zurück, um sein Anliegen mit einer ›monumentalen‹ Autorität gegen die momentane geltend zu machen.

3 Das verdeckte Volk

Das Patentrezept des französischen Offiziers (Scott 2009, 98) sollte sich nicht so leicht wie erhofft realisieren lassen – man hatte »die Körper gefasst«, doch die »Hirne in den Griff zu bekommen«, erwies sich als eine schwierigere, bis auf weiteres unerledigte Aufgabe. Schlimmer noch: Es war eine Aufgabe, deren Erledigung nicht einmal auf der Tagesordnung stand – »court and country« lagen mental zu weit auseinander, als dass durchschnittlich aufgeklärte Souveräne überhaupt auf den Gedanken verfallen wären, das flache Land würde bewusstes Leben wenigstens zulassen.

Monarchen verkehrten ausschließlich mit einem exklusiven Publikum ›nicht-gemeiner‹ Männer, die ihnen sozial näher standen (und bis auf weiteres politisch gefährlicher werden konnten). Lässt man das Figurenkabinett in Shakespeares Königsdramen Revue passieren, dann entsteht ein ziemlich genauer Eindruck davon, wie wählerisch Majestäten waren, damals noch viel mehr als heute. Unter den (Un-)Glücklichen finden sich u. a. Lordkämmerer und Lordkanzler, der Lord Major von London, der Oberrichter der »royal bench«, die Grafen von Norfolk, Salisbury, Berkeley, Northumberland, Westmoreland, Worcester, Warwick, Cambridge, Suffolk, Oxford etc., Lord Hastings, Lord Stafford, Lord Rivers, Lord Stanley, die Herzöge von Buckingham, York, Exeter, Somerset, Orléans, Bourbon, Burgund, die Kardinäle Pandulpho, Campejus und Wolsey, die (Erz-) Bischöfe von Carlisle, York, Ely, Canterbury, dazu Gemahlinnen, Mätressen und Thronfolger, auch ein königlicher Bastard ist mit von der Partie. Funktionsbedingt tauchen vereinzelt Totengräber und Soldaten auf – das war's. Generell gesagt: Zwischen Volk und Herrscher schiebt sich eine höfische ›Wolkenschicht‹ – sie versperrt dem irdischen Gott den Blick auf seine Untertanen. Der gemeine Mann wird erst dann in einem vagen Sinne präsent sein, wenn ihn jemand (re-)präsentiert.

3.1 Die Höhe der ›Hoheit‹

Den Schleier der souveränen Unwissenheit durchdringen nur wenige Nachrichten vom Volk. Regenten wissen zwar, dass es ›dahinter‹ jemanden gibt, für dessen Schicksal sie irgendwie verantwortlich sind, doch ein auch nur halbwegs realistisches Bild davon, wer dort haust, machen sie sich nicht. An präziseren Lageberichten bestand auch kein Bedarf, solange der Blick nach oben den nach unten ersetzen konnte: »Nie hat ein Regent ohne Gott glücklich über ein Volk geherrscht, und wohl keiner beglückt seine Untertanen, der sich nicht erst mit demütigem Herzen Gott unterworfen hat.« (Buchfelner 1836, 73) Das ist zwar nur eine Herrscherstimme aus Bayern, diejenige Wilhelms des Frommen (1548–1626), doch so haben zu dieser (frühen Neu-)Zeit europäische Regenten gedacht.

Dieser Wilhelm war der Vater Maximilians I, dem Cremeris Lichtfigur Herberstorff die schmutzige Arbeit abgenommen hat, das Ennser Bauerngesindel Mores zu lehren. Wie Maximilian war und warum er so wurde, geht ansatzweise aus dem Erziehungsprogramm hervor, dem man ihn von frühester Kindheit an unterworfen hatte. Es ist vor allem von stupender Bigotterie. Wilhelm setzt alles darein, aus dem Filius den ersten Diener seines Gottes zu machen, denn nur wer IHM dient, kann über andere herrschen: »Hierzu ist der göttliche Segen nötig. Daher wollen und befehlen Wir ernstlich, dass mit der Einpflanzung aller Gottesfurcht der Anfang gemacht und unsere geliebten Söhne [er hatte zwei zu dieser Zeit] zu ordentlichem Gebet und Andacht […] fleißig angehalten werden. Und dieses soll nun bei Anbruch des Tages vor allem andern, sobald sie angekleidet sind, und abends, ehe sie sich wieder zur Ruhe begeben, mit gebogenen Knien in der Hauskapelle und in Gegenwart des Präzeptors fleißig und unvergesslich geschehen.« (Buchfelner 1836, 21) Morgens der erste und abends der letzte Gedanke soll Gott gelten, wobei dieses *framing* nicht nur am gehörigen Ort (Kapelle), sondern auch in gebührender Form (unter Aufsicht) passiert, damit sich ja kein falscher Gedanke ins fromme Gebet einschleicht. Die Idee, dem Nachwuchs den korrekten Katholizismus einzubläuen, zieht sich wie ein roter Faden durchs königliche Traktat – alles, was das Glaubensgemäuer bröckeln lassen könnte, ist von den unfertigen Gehirnen strikt fernzuhalten: »Denn weil Wir sie nach allem Vermögen auf unsere alte, katholische Religion zu erziehen gedenken, möchten wir auch ungern leiden, dass andere als katholische oder unzüchtige Bücher unter ihre Augen kommen.« (Buchfelner 1836, 55 f.)

Auch wenn manches davon einem bayerisch-bigotten Provinzialismus geschuldet gewesen sein mag – die große Richtung hat gestimmt: Der Souverän spricht mit Gott und lässt sein Volk links liegen. So hat es zur selben Zeit auch Englands (und Schottlands) König James I gehalten. Weil Könige gottgewollte Herrscher sind, sei seines ein Amt, verkündet er dem Parlament, »das GOTT mir, als es an der Zeit war, durch Geburt und Abstammung verliehen hat«. Und dem Sohn wird versichert, dass ER ihn als »little GOD« ausersehen habe (James I 1994, 132, 12). Darin liegt die unendliche Höhe der königlichen Hoheit verborgen: Gott hat sie gewollt – und wer dem Regenten zu nahe treten möchte, stellt sich gegen den Willen des Herrn. James lebt seine Selbstherrlichkeit, und wenn ihm auch die Macht fehlt, allen Anfängen zu wehren, so macht er doch keinen Hehl daraus, dass Aufdringlichkeiten abgestraft werden. »God gives not Kings the style of God in vain« – Wer diese Botschaft nicht hört, wird sie fühlen:

> Wonder at Kings, and them obey
> For under God they are to choose
> What right to take and what refuse
> Whereto if You will not consent
> Yet hold your peace lest you repent.
> (James I 1994, 1)

Dass die Ansage »friss oder stirb« nicht ausreichen würde, um einen Herrscher ›gesellschaftsfähig‹ zu machen, hat auch dieser Potentat gewusst. Das Mindeste und gleichzeitig Wichtigste, was erledigt werden musste, war: dem Volk vor Augen zu führen, wie weit weg es vom König und wie nahe dran dieser an Gott sein würde. Für die Arbeit an dieser Optik wurde ein immenser Aufwand – »pomp and circumstance« – betrieben.

James berichtet gelegentlich vom Erfolg der Regie. Auf dem Weg zu seiner Krönung zieht er in London ein und darf erleben, wie jubelnde Massen »gerannt, ja geflogen kamen«, um ihn zu sehen, »mit Augen, die voller Zuneigung glänzten, und Mündern, die nichts als Freudenlaute hervorbrachten, wobei ihre Hände, Füße und überhaupt ihr ganzer Körper ein leidenschaftliches Sehnen und ernstes Bedürfnis danach verrieten, den neuen Herrscher mit offenen Armen zu begrüßen« (James I 1994, 133). Hundert Prozent unterwerfen sich hundertprozentig, dem Herrn vorbehaltlos, ja geradezu süchtig ergeben. Es gibt verrückte Augenblicke (Zolberg 1972) wie diesen, so dass passiert sein mag, was James erzählt. Doch kollektive Verzückungen verschwinden so schnell, wie sie gekommen sind, bedürfen ganz außergewöhnlicher Begleitumstände oder verdanken sich einer ausgeklügelten Dramaturgie, taugen also keinesfalls dazu, Regenten dauerhaft freizusprechen.

Sollte James der Meinung gewesen sein, die Herzen seiner Landsleute im Sturm erobert zu haben, dann hätte er sich in die eigene Tasche gelogen. Es sind wohl immer nur kurze Gefühlsausbrüche gewesen, zu denen sich das ›Volk‹ hat hinreißen lassen. Heute köpft es seinen Monarchen: Charles I – und findet nichts dabei, morgen dessen Sohn, Charles II, hymnisch zu feiern. Dieses Mal sieht John Dryden, Englands Hofpoet in jener Epoche, den Funken überspringen:

> All eyes you draw, and with the eyes their heart,
> Of your own pomp, yourself the greatest part:
> Loud shouts the nation's happiness proclaim
> And Heaven this day is feasted with your name.
> Your cava'lcade the fair spectators view,
> From their high standings, yet look up to you.
> And longs to date a conquest from your day.
> (Dryden 1767, 25).

Die Statisterie, bis hinunter zum letzten Mann, agiert wieder einmal so, wie es sein soll – voller Bewunderung fürs Gebotene, das ganze Spektakel und besonders den hohen Herrscher. Ein Potentat inszeniert seinen Glanz, die Menge übt sich in Verehrung; er ist alles, sie ist alles *durch ihn.* Dem Poeten obliegt es, vom Ertrag zu schwärmen, alldieweil der Buchhalter – Samuel Pepys – eine Chronik des Aufwands schreibt: »Unmöglich«, notiert er im April 1661 in sein Tagebuch, »die Pracht zu beschreiben, besonders der Reiter und ihrer Pferde; Gold- und Silberstickereien sowie Diamanten trugen fast alle. Der König, in einem reichverzierten Gewand mit Umhang, sah äußerst vornehm aus. Die Straßen sind alle mit Kies bestreut, die Häuser mit Teppichen behangen.« Am nächsten, dem Krönungstag schraubt sich die Pomp-Spirale noch weiter nach oben: »die Straße ausgelegt mit blauem Tuch«, Bedienstete und Musikanten alle in Rot, »Dechant und die Domherren von Westminster mit den Bischöfen in goldenen Chorröcken, danach der Adel in seinen Parlamentsroben«, der »König, barhäuptig und im Ornat, sah großartig aus«, Mylord Cornwallis

»warf silberne Gedenkmünzen unter das Volk«, die Höhepunkte jagen einander, das angekündigte Feuerwerk fällt freilich aus (Pepys 1986, 72 ff.). Für die Spiele hat der Regent gesorgt, woher das Brot kam, war, wie sich schnell zeigen sollte, seine Sache nicht.

Wie häufig, wenn Aufwand und Ertrag bilanziert werden, bleibt offen, wie eins ins andere verwandelt wird, hier also: welche Alchemie Glanz zu Glauben macht und aus Pomp Passion werden lässt. Die ›Versuchsanordnung‹ ist das *Ritual*. Speziell Krönungsfeiern sind, weil sie eine prekäre Bruchstelle kitten müssen (»der König ist tot, es lebe der König«), symbolisch ›hochtourige‹ Veranstaltungen, die zwei Öffentlichkeiten separat bedienen müssen. Gewöhnliche Sterbliche dürfen, wie seinerzeit Pepys, eine prachtvolle Prozession bewundern (von *Westminster Hall* nach *Westminster Abbey* und zurück), die dem Publikum einen ›transsubstantiationalen‹ Akt präsentiert: »Jene, die sich entlang der Straße aufgereiht hatten, konnten ihren zukünftigen Herrscher sehen, barhäuptig, ganz ohne Ornat und keine Schuhe an den Füßen, geleitet von einem Bischof an jeder Hand.« Dann, einige Stunden später, »konnten sie denselben Menschen in verwandelter Gestalt wieder auftauchen sehen, in glanzvoller Amtstracht, wie er nicht mehr von anderen geführt wird, sondern triumphierend dahin schreitet, Szepter und Reichsapfel in seinen Händen und auf dem Haupt eine goldene Krone voller Juwelen. In einer Zeit, da das Denken noch vom Bild und nicht dem Wort bestimmt worden ist, muss der Eindruck überwältigend gewesen sein.« (Strong 2005, 104 f.)

Das Intermezzo bleibt den Granden vorbehalten. Was ihre Größe bezeugt und im selben Atemzug demonstriert, dass ein noch Größerer über ihnen thront: Das Krönungsritual vereinigt die Majestät, *the King*, exklusiv mit dem großen Gott, *the King Divine*. Dieses Schauspiel muss man ganz über sich ergehen lassen, um seine Wucht wenigstens erahnen zu können: »1. Der König wird von zwei Bischöfen« feierlich »zur Kirche geführt, währenddessen der Chor das *Firmetur manus tua* singt. 2. Der König und die Bischöfe fallen vor dem mit Teppichen und Decken geschmückten Altar auf die Knie. 3. Die Litanei wird gesungen, danach erheben sich die Bischöfe und helfen dem König auf. 4. Der König spricht den dreifachen Eid, schwörend, dass er den Frieden von Kirche und Volk schützen, Gewalt und Unrecht von allen Menschen fernhalten und in seinen Urteilen Gerechtigkeit und Milde walten lassen wird. 5. Das *recognitio*. Ein Bischof fragt die Anwesenden, ob sie willens sind, ›sich diesem Mann als ihrem Fürsten und Herrscher zu unterwerfen und seinen Befehlen zu gehorchen‹. Geistliche und Laien erklären ihre Bereitschaft. 6. Die Weihe. Sie leiten Gebete ein, die das Alte Testament zitieren und Gott um seinen Segen bitten. Der Erzbischof von Canterbury salbt die Hände des Königs mit heiligem Öl.« Danach »salbt er Kopf, Brust, Schultern, Ellbogen und spricht dazu weitere Gebete, derweilen der Chor sein *Fürchte Gott* singt. 7. Die Überreichung der königlichen Insignien. Danach wird die Krone gesegnet und auf das Haupt des Königs gesetzt. Die Bischöfe übergeben dann dem König Schwert, Armbänder und den Mantel, jedes Mal von Gebeten begleitet. Dann folgt die Überreichung von Ring, Szepter und Stab. 8. Der König wird gesegnet, danach küsst er die Bischöfe, die ihn, während der Chor das *Te Deum* singt, zu seinem Thron geleiten. 9. Danach spricht der Erzbischof das *Sta et retine*. 10. Es folgt die Weihe und Krönung der Königin« – worauf schließlich zum ›krönenden‹ Abschluss noch die Messe gelesen wird (Strong 2005, 44 f.).

Gott als unsichtbarer Gast und Geist des Anfangs, der das Ganze (die Feier) durchweht und zugleich einen Teil (den König) ›verhimmelt‹, allen Anwesenden zur geflissentlichen, geradezu überdeterminierten Kenntnisnahme. Gewiss, »für jede Monarchie ist es unabdingbar, dass sich der Herrscher nicht alleine durch pompöse Äusserlichkeiten von seinen Untertanen absetzt« (Blackstone 1873, 57). Aber auch so.

3.2 Thron und Trieb

Dass der Thron alleine dadurch gerettet werden könnte, dass man ihn sakralisiert und seine Besteigung zelebriert, hat kein Inhaber, der bei Sinnen war, je angenommen. »Whereto if You will not consent/Yet hold your peace lest you repent« – James hätte sich diese Drohung ersparen können, wäre ihm seine (latent) prekäre Stellung bewusst gewesen. Geköpft hat man bekanntlich den Nachfolger, gerade mal zwei Jahrzehnte später, am Ende eines langen und blutigen Bürgerkriegs, der Thomas Hobbes als Anlass gedient hat, einen musterhaften Regenten vorzustellen: *Leviathan*.

Hobbes setzt Pflöcke (1984, 245 ff.). Ein denkender Souverän sorgt, im Vor- und Rückgriff, zunächst einmal dafür, dass ihn eine »mangelhafte Zeugung« nicht dauerhaft schwächt. Vor allem achtet er darauf, dass seine Machtfülle jederzeit ausreicht, um gegen unruhige Geister im Lande vorgehen zu können. Holen sich Regenten zu spät, was ihnen von Anfang an fehlt, geraten sie ins Kreuzfeuer der Kritik. Zweitens sind Moral und, stärker noch, Religion unter Kuratel zu stellen, weil sonst unweigerlich Gewissen oder gar Gott gegen staatliche Direktiven in Bewegung gesetzt werden, sei es *coram publico*, sei es – auf die Dauer noch folgenschwerer, weil ›unnahbarer‹ – heimlich, still und leise: Wenn »in einem Lande nur noch die von der staatlichen Macht organisierte Öffentlichkeit gilt, dann begibt sich die Seele eines Volkes auf den ›geheimnisvollen Weg‹, der nach innen führt; dann wächst die Gegenkraft des Schweigens und der Stille.« (Schmitt 2003, 94) Eine Schwächung riskiert auch jener Herrscher, der sich an die bürgerlichen Gesetze (das Eigentumsrecht eingeschlossen) halten zu müssen glaubt. So gehen ihm nicht alleine Spielräume resp. Hilfsquellen verloren, er lässt sich auch in Rechtsstreitigkeiten vor ein Gericht zerren. Schlussendlich wäre es um die Statur des ›Fürsten‹ geschehen, könnten ihn seine Untertanen vom Charme der Gewaltenteilung überzeugen: »Denn heißt die Gewalt teilen etwas anderes als sie auflösen?« (Hobbes 2004, 248)

In einem Satz und auf das Wichtigste konzentriert: Zur damaligen Zeit zeichnet den Modell-Souverän aus, dass er einerseits repressionsfähig, andererseits religionsmächtig ist. Allein, ›Praktiker‹ kommen mit dem, was ihnen Hobbes (den primär Strukturen interessieren) auf den Weg gibt, nicht aus. Wer Erfolg haben will, muss auch investieren (Zeit, Energie, Geld, Gedanken) und sich informieren (über Chancen, Risiken, Gefahren, Stimmungen, Potenziale). James I kleidet seine Vorstellungen in eine modische Vaterschaftslyrik – er gibt den großen Vormund, der hilflosen Kleinen ein »natural father« ist und »kindly Master« sein möchte, von Gott dazu bestimmt, »für Nahrung, Erziehung and gutes Betragen seiner Kinder zu sorgen«. Pflichtgemäß ringen sich Regenten seiner Machart ein ganzes Repertoire paternalistischer Gefühle und Sorgen ab: »Ein guter Regent sollte sich dem Volk gegenüber wie ein guter Vater verhalten, der in erster Linie für das Wohl seiner Kinder sorgt. Dieser freut sich, wenn es ihnen gut geht, zeigt Trauer und Mitleid, wenn sie leiden, riskiert sein Leben für ihre Gesundheit, müht sich ab, auf dass sie ihre Ruhe haben, und wacht, wenn sie schlafen – in einem Satz: denkt, dass er sein irdisches Glück mehr ihrem Wohlergehen verdankt als seinem eigenen.« (James I 1994, 20, 65 f). Der Geist mag willlig gewesen sein, doch für die Vaterrolle war das Fleisch zu schwach. Diesem Missverhältnis begegnet man wieder, wenn James seinen Thronerben rät, ihre Augen weit genug offen zu halten, um »mit dem Charakter und den Launen aller Untertanen genau vertraut zu sein« (James I 1994, 25 ff.). Über jeden Bewohner genau Bescheid zu wissen – das konnte James' Ernst nicht sein. Sonst hätte ihm ein schütterer Informationsstand, auf der Durchreise akkumuliert und im Jahresturnus aktualisiert, kaum genügt.

Näher dran an den Problemen ist Bayerns Maximilian, der vom Zögling selbst zum Erzieher wird und dabei demonstriert, dass er zwischenzeitlich mehr gelernt hat als das, was ihm Wilhelm mit auf den Weg gegeben hat: fromm zu sein. Sehen kann man bei ihm, wie sich Frömmelei absolutistisch aufklären lässt. Unter seiner Feder verwandelt sich »Gottesfurcht« in eine Rückversicherung für Regenten: »Der Beherrscher Aller ist Gott. Von ihm allein kommt Macht, Ruhm und Sieg. Sein ist alles im Himmel wie auf Erden, und er ist über allen Fürsten der Welt. [...] Ohne ihn hat noch niemand gut geherrscht; und wo ist der, der glücklich regierte, ohne sich Ihm zuvor von ganzer Seele unterworfen zu haben?« (v. Aretin 1822, 14) Daran hat sich also nichts geändert: Der katholische Gott ist das A und O des Regierens. Doch neuerdings erwartet man vom Höchsten im Gegenzug mehr als das Paradies, nämlich »Macht, Ruhm und Sieg« in dieser Welt.

Bereits der ambitionslos fromme Wilhelm bedurfte für diesen Zweck mehr Geld, als ihm lieb war. Macht, Ruhm, Sieg, darüber war sich sein Sohn vollkommen im Klaren, würden Interventionen und Investitionen von ganz anderer Größenordnung erfordern: »Nach Gott gibt es vier dem Staate selbst innewohnende Stützen der Regierung: I. die nötige Anzahl von Soldaten, II. hinlänglicher Geldvorrat, III. Burgen und Festungen« sowie »IV. vor allem aber die Liebe der Untertanen« (v. Aretin 1822, 146). Menschen finden sich als Teil eines Werkzeugkastens der Macht wieder, von Mauern und Musketen nur dadurch geschieden, dass sie, um zu funktionieren, den regierenden ›Handwerker‹ lieben müssen. Versagen sie (sich), geht mehr kaputt, als wenn Mauern bröckeln oder Musketen klemmen – bockt die Herde, kann der Hirte einpacken: »Wenn man die Ruhe der Staaten nicht ohne Kriegsheer, das Heer nicht ohne Sold, den Sold nicht ohne Steuern haben kann, und jeder, der viel ausgeben muss, viel verbraucht, so sollen doch die Steuern das Volk nicht zu Grunde richten.« (v. Aretin 1832, 159) Dass ein Herrscher seine Untertanen besser nicht überstrapaziert, weiß Maximilian aus eigener wie fremder Erfahrung. Grundsätzlich tut man gut daran, die Loyalität der Leute nicht als *fait accompli* abzuhaken. Vielmehr empfiehlt es sich, dem Volk so genau wie möglich aufs Maul zu schauen: »Des Fürsten Kunst ist es, den Charakter des Volkes, das er beherrscht, zu beobachten und zu durchschauen.« (v. Aretin 1822, 144) Dem selbsternannten »Vater« sind die »Kinder« allzeit Fremdlinge, und Schädlinge können sie jederzeit werden.

Misstrauischer Paternalismus war das gängige Muster royaler Rhetorik, kein Potentat bei Sinnen hat es anders gehalten, bis hinauf in die ›sonnige‹ Höhe des vierzehnten Ludwig: »Ich will lieber Vater meines Volkes sein und bleiben als der meiner Kinder.« Doch sobald »son peuple« erwachsen werden und seine Stimme erheben will, schlägt Ludwigs väterliche Zuneigung unvermittelt in barsche Zurückweisung um. Kindliche Anregungen sind grundsätzlich erbeten, es sei denn, sie kommen von der *versammelten* Kinderschar: »Volksversammlungen beanspruchen eine ganz andere Macht – je mehr man ihnen zustimmt, desto mehr wollen sie haben; je mehr man sie umschmeichelt, desto mehr verachten sie einen; und was sie einmal erreicht haben, wollen sie mit aller Macht behalten, so dass, wer es ihnen wieder entreißen will, massivste Gewalt anwenden muss.« (Louis XIV 1860a, 55, 8) Das Volk ist da – und genehm, solange es als solches nicht sichtbar wird. Der Sonnenkönig glaubt auch zu wissen, wie man den Zustand der Unsichtbarkeit nachhaltig stabilisieren kann – dadurch nämlich, dass man hin und wieder doch hinsieht: »Für meine Sorge bin ich immer wieder reich belohnt worden, weil sich die Liebe meines Volkes verdoppelt hat.« Und, so geht es weiter in der Lektion, »auf diese Weise winkt uns das Glück, dass wir die größten Schwächen des Staates in Stärken verwandeln. Denn wenn etwas das Band zwischen Untertanen und Herrscher festigen sowie die natürliche Demut, Achtung und Liebe in den Herzen der Menschen neu entfachen kann, dann ist es die Hilfe, die ihnen im Angesicht großer und plötzlicher Not zuteil wird.« (Louis XIV 1860b, 549) Gelegentliche Güte gegen permanenten Gehorsam: So lautet Ludwigs Tauschangebot. Über seine Einhaltung hat dort, wo es besonders dringlich schien (Paris), und so gut es eben ging, ein neu eingerichteter Polizeiapparat gewacht: Ludwig hatte den Ruf weg, einfach alles wissen zu wollen (»tout savoir«).

Alles wissen wollten auch jene, die es darauf angelegt hatten, ihre Fürsten zu kompromittieren. Ludwig XIV hat dafür wenige Angriffsflächen geboten – *l'amour du travail* hat ihn zwar von anderen Liebschaften keineswegs abgehalten, im Gegenteil, doch war er clever genug, Bett- und Büroarbeit strikt auseinanderzuhalten. So lebensklug oder charakterstark war der Nachfolger nicht. Dem fünfzehnten Ludwig, im Volksmund vom »Viel-« zum »Ungeliebten« abgestiegen, geriet Privates und Öffentliches permanent durcheinander, seine zahlreichen Affären, besonders die mit

Madame Pompadour und der Comtesse du Barry, wurden ein öffentliches Ärgernis.

Pamphletisten, deren es zahlreiche gab, fanden jedenfalls mehr als genug Stoff vor, den sie ganz nach Belieben ausschmücken konnten (Merrick 1990). Ob Gespielin oder Gattin (Marie Antoinette) – mächtige Frauen waren ein gefundenes Fressen für ›schmutzige Federn‹: *Anecdotes sur Mme la comtesse du Barry, Les Amours de Charlot et Toinette* (Ludwig XVI und Marie Antoinette), *Les passe-temps d'Antoinette, Amours des dames illustres de notre siècle, La France galante, ou histoires amoureuses de la cour* –, ein ums andere Mal zielt man darauf ab, den persönlichen Körper aus dem Dunkel des privaten, speziell intimen Verkehrs ans Licht der Öffentlichkeit zu zerren (Darnton 2002, 2010; Graham 2000). *Vie privée de Louis XV*, ein mehrbändiges Konvolut des Advokaten und Literaten Mouffle d'Angerville, bringt die Sache, ob gewollt oder nicht, auf einen zutreffenden Nenner: Ausgebreitet wurden die »wichtigen Ereignisse, Besonderheiten und Anekdoten« der Regentschaft dieser Majestäten. Vermischtes also, das sich aus gegebenem Anlass in eine brisante Mischung verwandeln konnte. Soweit es nur ums Renommee ging, hat es besonders Ludwig XV böse erwischt, zu Lebzeiten und auch danach: »Historiker haben diesen Herrscher als einen der schwächsten unter den Bourbonen beschrieben – einen Nichtsnutz, der die Staatsgeschäfte den Ministern überließ, um stattdessen seine Hobbys, das Jagen und die Frauen, zu pflegen.« (Harris 1987, 426; ambivalenter: Swann 1995, 45 ff.) *Le roi s'amuse* – bei ihm, der Mätressen im Dutzend verschliss und kein Sonnenkönig war, ist die Arbeitsliebe des großen Vorgängers ins Gegenteil umgeschlagen: ›le travail d'amour‹.

Majestätische Beischläferei ist keine französische Krankheit gewesen. Das weiß man aus vielen Quellen (Cressy 2010, Weber 1996), und was den englischen Hof betrifft, erweist sich Samuel Pepys einmal mehr als eifriger Chronist. Er, der durchaus loyale Angestellte jenes Karls, dessen umjubelte Krönung ihn tief beeindruckt hat, sieht ungläubig staunend mit an, wie selbst mitten im Seekrieg (mit Holland) den obersten Kriegsherrn Frauen ungleich stärker interessieren als Fregatten. Sein Tagebuch legt davon ein beredtes Zeugnis ab: »Mr. Povy [einflussreich als Politiker und erfolgreich im Überseehandel] erzählt mir, dass der König die meiste Zeit damit verbringt, seine verschiedenen Damen nackt am ganzen Körper im Bett zu küssen; er tut nur das, wozu er gerade Lust hat, und wird seine Geilheit wohl nie loswerden. Es heißt, dass die Holländer mit ihrer

Flotte vor Margate stehen«, also gerade einmal 120 Kilometer von London entfernt (Pepys 1981, 275).

Ein Jahr später dieselbe Misere – für alles Mögliche ist Geld da, nur nicht für neue Schiffe, um die Holländer zu besiegen: »Als wir dann erfuhren, dass der König uns mit £ 5000 oder £ 6000 unterstützen will, wo £ 100 000 das absolute Minimum wären, sehe ich täglich den Ruin auf uns zukommen – Gott steh' uns bei.« Gott im Himmel soll helfen, sein Stellvertreter auf Erden versagt. Der braucht Geld für andere Dinge, und Frieden schließt er, weil ihm seine Freuden wichtiger sind: »Mit Colville [einem Bankier] über die Verruchtheit des Hofes gesprochen, dass der König sich dadurch die Verachtung seiner Untertanen zuzieht, dass der Herzog von York der Sklave seiner Mätresse, der Hure Denham geworden ist, dass die Herzogin eine Affäre mit Sidney gehabt hat, dass man befürchten muss, sobald das Geld für den König aufgebracht ist, wird er Frieden schließen. Lady Castlemaine soll wieder schwanger sein. Man redet offen davon, dass der König mit Mrs. Stewart schläft.« (Pepys 1981, 343, 345)

Pepys ist ganz »King's servant«, ein loyaler Diener, bereit abzuducken und willens aufzusteigen. Privates Missfallen erlaubt er sich, öffentlichen Protest nicht. Auch war selbst sein Herrscher kein reiner Hallodri. Sowieso sind genügend Regenten aufgetreten, die ihre Sache durchaus ernst(er) genommen haben. Allerdings ohne dass das Volk, die einfachen Leute, davon zwangsläufig profitiert hätten – meistens gab es Wichtigeres zu besorgen.

3.3 Raum ohne Volk

Dass man Menschen ›produktiv‹ regieren könne, hat sich vergleichsweise spät herumgesprochen. Lange Zeit sah es so aus, als ob Regierende nichts anderes im Kopf hätten, als einfach Leute aus dem politischen Spiel zu nehmen, die einzeln oder *en masse* der eigenen Machtposition gefährlich werden könnten. Das hat keineswegs immer bedeutet, dass unsichere Kantonisten jedes Mal beiseite geschafft oder gar abgeschlachtet worden wären – haben Bestechung oder Belohnung denselben Effekt mit weniger Aufwand erreicht, konnte das Verdrängungsspiel auch ein freundliches Ende nehmen. In dieser Angelegenheit, resümiert Niccolo Machiavelli, »ist zu bemerken, dass man die Menschen entweder für sich einnehmen oder vernichten muss« (Machiavelli 1986, 40). Der Gedanke, aus Menschen etwas zu machen, sie zu ›normalisieren‹ und in nützliche Mitglieder einer Gemeinschaft zu verwandeln, ist erst sehr viel später aufgekommen (Foucault 1994).

Wenn etwas (um-)gestaltet werden sollte, dann waren es nicht die Leute, sondern es ging ums Land – der Herrscher als politischer ›Raumgestalter‹. Wie dieser Raum auszusehen hatte, darüber sind die Vorstellungen weit auseinandergegangen. Am traditionellen Ende des Spektrums steht jene radikal ›durchsakralisierte‹ Vision der Anna Maria von Preußen 1563, deren Maximen auch deshalb aufschlussreich sind, weil sie demonstrieren, wie weit gottgefällig und gemeinnützig auseinanderfallen können. Nach diesem Rezept sollte das Diesseits vor allen Dingen so regiert werden, dass es dem Untertanen den Weg ins Jenseits ebnet: »Christliche Könige, Fürsten und Herren sollen auch herzlich um das Heil, Glück und alle Wohlfahrt der Untertanen, Gott, den Allmächtigen, bitten und anrufen; als Samuel getan, wie zu ersehen ist im 1sten Buch Samuel, Kapitel 12, wie er selbst bezeugt mit diesen Worten: Es sei aber ferne von mir, mich also an dem Herrn zu versündigen, dass ich sollte ablassen für euch zu beten, und euch zu lehren den guten und richtigen Weg.« Will sagen: Der vorbildliche Herrscher kümmert sich um die Untertanen vor allem aus seiner Verantwortung vor Gott und nicht vor dem Volk; um Seelsorge geht es, vom Magen ist keine Rede. Die »großen Dinge«, das Wohlbefinden von Land und Leuten, werden der göttlichen Gnade anheimgestellt, ein hoheitliches Anliegen sind sie nur mittelbar. Am Fürsten ist es, IHM Dank zu sagen, falls ER gearbeitet hat: »Und sollen sich also christliche Könige, Fürsten und Herren von Herzen freuen und Gott, dem Allmächtigen, Lob und Dank sagen, wenn es ihren Untertanen glücklich und wohl ergeht«. Immerhin hat sich herumgesprochen, dass Gott denen am liebsten hilft, die sich selber helfen – zumal schon im Alten Testament (Buch Moses) davon gesprochen wird, dass Regenten in der Not nach dem Rechten sehen müssen – wofür es vor allem gefüllter Kornkammern und subventionierter Kornpreise bedarf (Nicolovius 1835, 69, 81).

In Anna Marias Fall dient Gott nicht alleine als pädagogischer Ratgeber (wie bei Bayerns Herzögen), er liefert auch die handlungsleitende Richtschnur: eine Politik des *religiösen* Raumes. In der Bibel steht, was dem Land hilft, und den Leuten ist sowieso am besten geholfen, wenn ihnen das Paradies offensteht. Mit anderen Worten: Seelen, nicht Menschen sind Objekte des Regierens.

Louis XIV verschiebt dann die Akzente ganz markant. Seine Sicht auf die Welt war nicht (mehr) verstellt durch Psalmen, Apostelbriefe und Evangelien. Auch hat ihn die eigene Gottähnlichkeit nie so stark beeindruckt, dass er den kindlichen Respekt der Untertanen als religiöse Bringschuld betrachtet hätte. Wer Sonnenkönig sein will, muss selbst strahlen: »Le roi gouverne par lui-même« (Louis XIV 1860b, 426). Daher regiert man vor aller Augen am besten ganz allein – und hinter den Kulissen mit Hilfe eines möglichst gut funktionierenden Apparats (King 1969). Doch wen oder was regiert Ludwig? Als ein bekennender »père du peuple« macht er sich um seine Schutzbefohlenen überraschend wenig Gedanken. Sobald es daran geht, Prioritäten zu setzen, verschwinden sie von der Bildfläche. Nicht das Volk zählt, dem Krieg gilt Ludwigs große Leidenschaft – von den 54 Jahren seiner Regentschaft sind alleine 33 mit Feldzügen gegen ›ungesellige‹ Nachbarstaaten gefüllt; dazu kommen Zeiten militärischer Vor- und Nachbereitung. Dieser Herrscher mag vieles gewesen sein: »Gott, Sonne, Vater, Steuereintreiber, General, Richter, Priester und Präzeptor« (Keohane 1980, 244); in erster Linie war er General.

Die regierende Militanz war keine persönliche Marotte, sondern das Ergebnis einer neuen, ›parterren‹ Weltsicht. Ludwig betreibt säkulare Politik diesseits der Religion – dadurch ermöglicht, dass man sich den Staat als »vollkommen künstliche Person« (Quentin Skinner) vorstellen kann, ausgestattet mit ganz eigenen *Interessen.* Deren basales ist ›natürlich‹ die Selbstbehauptung. Nicht nur Hobbes und nicht erst Hegel haben es so gesehen. Schon der erste systematische Versuch in diese Richtung, das 1634, also kurz vor Ludwigs Regierungsantritt, erschienene Traktat des Herzogs von Rohan über die *Interêts et maximes des princes et des Etats de la chrétiennité* (Rohan 1995), setzt den Maßstab. Der Herzog kommt schnell zur Sache und ist ebenso schnell am Ende: Für Frankreichs wie Englands »Interesse« genügen jeweils zwei Buchseiten, Italien nimmt etwas weniger Platz in Anspruch, im Falle des Vatikans geht es noch kürzer ab; dem Deutschen Reich, dieser »grande masse de provinces«, sind, seiner schier endlosen Parzellierung ungeachtet, wiederum nur zwei Seiten vorbehalten, in Sachen Schweiz und Niederlande ist alles auf (zusammen genommen) einer halben Seite gesagt, lediglich Spanien hat mit komplexeren Kalkülen zu kämpfen (Rohan 1995, 163 ff.). So fix geht es deshalb, weil ausschließlich internationale Lagen thematisiert und diese alleine unter geostrategischen bzw. militärpolitischen Aspekten abgehandelt werden. Ernste Fälle sind einfache Fälle – auch zuhause: Innenpolitik ist

Steuerpolitik, Regieren reduziert sich aufs Requirieren, alles dreht sich ums Geld, das für Kriegsabenteuer fällig wird. Regierende dieses Genres bewegen sich in einem *diplomatischen* Raum: das menschenleere Feld, auf dem Souveräne ihre Kräfte messen.

Graduell unterscheidet sich davon die merkantilistische Vision, exemplarisch vorgeführt bei Friedrich dem Großen. Er, der sich als »erster Diener« seines Staates (nicht des Volkes) verstanden und im politischen Testament sogar aufs ›väterliche‹ Lippenbekenntnis verzichtet hat, füllt den Raum mit Instrumenten (Dingen, Pflanzen, Tieren, Menschen), die per Anordnung oder Anregung von oben so arrangiert werden können, dass man im Staatenwettbewerb bestmögliche Karten hat. Vor der Sorge dieses Dienenden ist nichts sicher, weil alles ineinander greift. Friedrich macht sich Gedanken über den Kanalbau, denkt an eine Expansion der Messer- und Scherenfabrikation, will Getreidemagazine anlegen, auch Papiermühlen bauen und entwickelt ein ganz besonderes Faible für die Seidenraupe, deren Reproduktion den Staatsapparat in Bewegung setzt, weil Preußen mit Seide handeln will. Vorschriften seien vonnöten, wie »man die Seidenwürmer zieht und Seide, Organsin, Tramseide, Florettseide usw. herstellt«; auch sei eine Lehranstalt aufzubauen, »wo die Mägde und Landleute lernen können, wie und wann man die Würmer ausschlüpfen lässt, wie man sie ernährt und wie man die Kokons abhaspelt«. Und da sich Preußens Klima für diesen Industriezweig nicht gerade anbietet, besteht »die große Kunst darin, dass man die Raupen weder zu früh noch alle auf einmal ausschlüpfen lässt und ihnen keine taufeuchten Blätter gibt, da sie davon sofort wassersüchtig werden« (Friedrich d. G. 2007, 31). Friedrich hat den Blick fürs große Ganze und kennt, soweit es die lohnenden Tierchen betrifft, noch das kleinste Detail. Menschen fallen zwischendurch.

Der König als Betriebswirt, dessen Sicht auch dort, wo sie sich weitet, nie ihren eigentlichen Fokus verliert Die Bilanz muss stimmen. Was im Krieg ausgegeben werden soll, ist zu erwirtschaften, solange Frieden herrscht. »Unsere Finanzen«, erläutert Friedrich, »drehen sich ganz um Ersparnisse und dienen uns zur Kriegsführung, ohne dass wir andere Hilfsmittel besitzen als die Klugheit ihrer Verwaltung.« Die mittelfristige Planung ist darauf abgerichtet, das konstante und variable Kriegskapital auf ein angemessenes Niveau zu bringen: »Ich wünschte, dass wir Provinzen genug besässen, um 180.000 Mann, also 44.000 mehr als jetzt, zu unterhalten. Ich wünschte, dass nach Abzug aller Ausgaben ein jährlicher Überschuss von 5 Millionen erzielt würde. Sie dürfen aber nicht auf feste Ausgaben angewiesen werden, sondern der Herrscher müsste nach freiem Belieben darüber verfügen können«. Denn: »Diese 5 Millionen machen ungefähr die Kosten eines Feldzugs aus.« (Friedrich d. G. 2007, 88 f.)

Eingeklemmt zwischen Feldzug und Finanzplan gerät das Personal resp. Volk am ehesten dort ins Blickfeld, wo es den Betriebsablauf stören könnte. Dann aber werden die Leute konsequent klassenlos, nämlich funktionalistisch taxiert. So will Friedrich dem degenerierten Segment des Adels – mit einem Faible für »Müßiggang und erbärmliches Leben« – Beine machen und den vitalen Teil davon abhalten, bei fremden Fürsten anzuheuern; in etlichen Städten lässt das politische Betriebsklima zu wünschen übrig, auch muss verhindert werden, dass unsicheren Kantonisten wichtige Ämter übertragen werden. Bei den Bauern ist die Lage kompliziert – einige werden von ihren altmodischen Herren wie Sklaven gehalten (falsche Personalpolitik), andere haben genug Geld angehäuft, um sich in Rittergüter einkaufen zu können (Störung der Organisationsstruktur). Zum alten Eisen gehört schließlich das ›Establishment‹ vergangener Tage – Friedrich erklärt sämtliche Götter zu Requisiten und stellt sie im Irgendwo ab: »Für die Politik«, so korrigiert er den Commonsense seiner Vorgänger, »ist es völlig belanglos, ob ein Herrscher religiös ist oder nicht. Geht man allen Religionen auf den Grund, so beruhen sie auf einem mehr oder weniger widersinnigen System von Fabeln.« Die Religion, einst Schmiermittel des Herrschaftsbetriebs, ist nur noch für den privaten Gebrauch zugelassen, aus *cuius regio, eius religio* wird »Jeder soll nach seiner Façon selig werden«. Aber nicht deswegen, weil, wie gerne kolportiert wird, Indifferenz als Gebot der Toleranz gegolten hätte. Vielmehr war sie betriebswirtschaftlich insofern geboten, als sich Konfession und Kontrolle leicht in die Quere kommen. Regierende Überzeugungstäter streuen erfahrungsgemäß Sand ins Getriebe: »Wenn der Herrscher aus falschem Eifer auf den Einfall käme, eine dieser Religionen zu bevorzugen, so würden sich sofort Parteien bilden und heftige Streitereien ausbrechen.« Mit der absehbaren Folge, dass diskriminierte Gruppen in Heerscharen das Vaterland verlassen und »Tausende ehemaliger Untertanen« die Nachbarstaaten »mit ihrem Gewerbefleiß bereichern und deren Volkszahl vermehren« (Friedrich d. G. 2007, 42 ff.). Dieser Herrscher muss es wissen, schließlich hat sein Land selbst von Säuberungskampagnen anderswo profitiert.

Friedrichs Fakten und Figuren sind bloße Stellgrößen in einem *ökonomischen Raum*, dazu bestimmt, das wirtschaftliche Potenzial des Landes nach Möglichkeit auszureizen. Vom Geschäftsführer unterscheidet sich dieser Staatsdiener einzig dadurch, dass er in Gewinnen etwas anderes sieht als die Aussicht auf weitere Gewinne – die gesunde Wirtschaft soll in einen starken Staat münden, der tut, was er nicht lassen darf: Kriege führen. Als Beuteobjekte kommen für Preußen »von allen Ländern in Europa« nach gründlicher Abwägung »am meisten in Betracht: Sachsen, Polnisch-Preußen und Schwedisch-Pommern«. Warum? »Alle drei runden den Staat ab.« (Friedrich d. G. 2007, 82) Der *Staat* bedarf dieser Arrondierung, ob das Volk etwas davon hat, spielt im königlichen Kalkül keine Rolle.

4 *Ties that bind?*

Die Spitze muss ›von einem anderen Stern‹ sein, wenn in pyramidal organisierten Herrschaftsverbänden stabile Verhältnisse einkehren können. Man kann diese Außerordentlichkeit nicht besser beschreiben, als es Daniel de Priézac, ein französischer Jurist und Staatsrat, getant hat: »Die Quelle der königlichen Majestät ist so hoch über uns, ihre Kraft so verborgen und ihre Macht so göttlich, dass man sich nicht darüber wundern darf, dass sie, gleich allem Göttlichen, von den Menschen verehrt werden will, ohne ihnen bekannt zu sein. [...] Es scheint so, als ob dasselbe Band, welches der Könige Haupt so glorreich umgibt, auch unsere Zungen bindet, damit wir von der Majestät des Königs nicht sprechen. Denn wer von ihr spricht, beschädigt sie nur. Ihre geheimen Bewegungen spüren wir viel besser, als dass wir sie ausdrücken können. Nicht mittels unserer unvollkommenen Worte, sondern durch religiöses Schweigen achten wir jene Merkmale, die Gottes Hand auf die Stirn derer schreibt, mit denen ER seine Macht zu teilen plant.« (de Priézac 1652, 142)

Der König ist von einer unbefleckten »Heterogenität« (Georges Bataille) – oder er ist nicht. Jedenfalls nicht das, was er sein soll: ein Höchster, der wegen seiner singulären Nähe zu Gott – dessen Hand ihn unsichtbar »berührt« – von allen Menschen, die ihm unterstehen, bedingungslos verehrt, ja verhimmelt wird. Auch wenn das Dogma der Empirie immer ein Stück voraus ist – zu groß darf diese Distanz nicht werden, sonst gerät ein Regime ins Wanken. Dass Könige sterben, daran können sie nichts ändern, doch weitere Defekte sollte sich besser keiner erlauben. Auch wenn Juristen ihr Bestes geben – ihrer Erfindungs- und Überzeugungskraft sind Grenzen gesetzt, nicht jede Dummheit, jede Schwäche, jeder Misserfolg lässt sich hermeneutisch entschärfen. Hoffnungslose Fälle – solche Regenten, deren Macht aus welchen Gründen auch immer auf Null zusammengeschrumpft ist – sind als »Schattenkönige« in die Geschichte eingegangen (Peters 1971), doch von zahllosen anderen lässt sich sagen, dass sie das nicht hingebracht haben, was niemand außer ihnen hätte hinbringen können: Gesellschaften zusammenzuhalten.

Aber auch der umgekehrte Fall kann eintreten: Durch die ihnen eigenen Gesetzmäßigkeiten demontieren Gesellschaften – nicht dieser Nebenbuhler oder jener Aufrührer – ihre Regenten. Man denke nur an den Sonnenkönig und das Repertoire seiner Kompetenzen: »Gott, Sonne, Vater, Steuereintreiber, General, Richter, Priester und Präzeptor« (Keohane). Wie wäre es um seine Macht bestellt, wenn sich das Militärwesen verwissenschaftlicht, die Justiz mit komplexen Sachverhalten konfrontiert wird, Kirche und Konfession den Fortschritt blockieren oder Präzeptoren von Professoren abgelöst werden, wenn Wissensstände ein gewisses Niveau übersteigen? Der große Ludwig wäre dann jedenfalls nicht mehr ›der Größte‹ gewesen, dessen Worte immer als letzte galten.

In der fraglichen Zeit ist das Zerstörungswerk an mehreren Fronten vorangekommen, besonders markant auf dem Terrain des Rechts. Erfahren hat man davon immer dort, wo ›Anwälte‹ aufeinandergeprallt sind, wie im Falle der Kontroverse zwischen James I und seinem obersten Richter, Sir Edward Coke. Coke macht dem »Leutnant Gottes« klar, dass dieser gefälligst zu schweigen habe, wenn Recht gesprochen wird. James hält dagegen, Richter seien Diener, nichts weiter, »Delegierte des Königs, und dieser habe das Recht, nach Belieben Fälle den Richtern zu entziehen, um sie selbst zu entscheiden«. Coke widerspricht, unterstützt von Kollegen, deren widerspenstige Solidarität frühen Korpsgeist demonstriert. James gibt nicht nach und argumentiert, »das Recht sei auf Vernunft gegründet, diese aber besitze er oder auch andere im selben Maße wie die Richter«. Coke gesteht dem Herrscher »excellent science, and great endowments of nature« zu, weist aber zugleich darauf hin, dass »Seine Majestät über keine speziellen Kenntnisse des englischen Rechts verfüge«. Streitfälle aber seien »nicht nach dem gesunden Menschenverstand zu beurteilen«, sie würden nach Gesetz und Gewohnheit entschieden. Wer da Bescheid wissen wolle, müsse »ein langes Studium hinter sich haben und viel Erfahrung mit bringen«. Der König wittert Hochverrat, doch Coke bleibt hart. Er beruft sich auf Bractons Standardwerk *The Laws and Customs of England*, wonach der König zwar keinem Menschen, wohl aber dem Recht unterstehe (Coke 1826, 282f.) James wirft alles, was er hat, in die Waagschale: Gott, Vernunft, Natur, das Schafott. Doch vergeblich: Was ist Gott gegen Bracton, die Vernunft gegen ein Studium, Naturbegabung gegen

Berufserfahrung, der Königszorn gegen den Präzedenzfall? Was hier passiert, ist eine Revolution *en miniature*: Man entthront den Souverän und erklärt ihm, es gebe einen gesellschaftlichen Bereich, in den hineinzuregieren er nicht kompetent und *deswegen* auch nicht legitimiert sei.

Nun ist es ja nicht so, als ob die Souveränität vorher keine Scharten abbekommen hätte. Waren Regenten – wie meist – knapp bei Kasse, blieb ihnen unter den überkommenen Machtverhältnissen nichts anderes übrig, als die »gesellschaftlichen Kräfte« um eine Finanzierung ihrer Vorhaben anzugehen; sie konnten also keineswegs schalten und walten, ganz nach eigenem Gutdünken. Auch Jean Bodin, dessen Dogmatik den Herrscher ansonsten von allen irdischen Verbindlichkeiten freigesprochen hat, fand nichts dabei, ihn fiskalisch an die Kandare zu nehmen. Und die Magna Charta (1225), heutzutage gerne als Monument der Menschenrechte gefeiert, dokumentiert kaum mehr als den ›Clinch‹ zweier Kontrahenten, Monarch und Hochadel, die in Geldangelegenheiten über Kreuz liegen – jener hat nie genug, dieser rückt nichts heraus. Wenn, diktiert man dem geschwächten Monarchen (Johann ohne Land) seinerzeit in die Feder, »einer unserer Grafen, Barone oder sonst einer, der eine Offiziersstelle bei unserm Militär begleitet hat, stirbt und zum Zeitpunkt seines Todes einen volljährigen Erben hinterlässt, der bei Erbantritt dem Lehensherrn eine Abgabe zu entrichten hat, so soll er seine Erbschaft nach dem alten Gesetz erhalten« (Magna Charta, §3). Man will sich mit dem »herkömmlichen Brauch« gegen künftige Begehrlichkeit absichern. Der Zeitpunkt ist günstig – und macht deutlich, dass Recht einen parasitären Charakter trägt: Es setzt sich durch, weil und solange ihm die Macht zu Hilfe kommt.

Coke und seine Kollegen stellen diesen Zusammenhang auf den Kopf: Recht, das ausdifferenzierte zumindest, schafft Macht, nicht umgekehrt. Die Mächtigen verlieren an dieser Front und gleichzeitig an einer anderen: der Religion, ihrer wichtigsten Legitimationsquelle. Was da auf sie zukommt, zeigt kein Dokument deutlicher als Thomas Wilsons *Discourse Upon Usury* (1925). Wilson, zuletzt Staatssekretär Elisabeths I, provoziert, freilich ohne sie zu verabschieden, die herrschende Lehre seiner Zeit. Dass Wucher Sünde sei (Le Goff 1988), scheide schon deshalb aus, weil Werturteile dort, wo Konsens und Commonsense regieren, nichts verloren hätten. »To enrich ourselves to the utmost« ist etwas ganz Selbstverständliches, und wer so handelt, »does nothing but he has law for him«. Händler haben jedes Recht auf Gewinn, das Juristen ihnen einräumen.

Die stellen nur eine Bedingung: Transaktionen müssen vertraglich vereinbart, also freiwillig zustande gekommen sein, was gewährleistet, dass beide Seiten profitieren: »And is that any harm when both do gain?« (Wilson 1925, 202 f.). Ökonomisch sinnvoll, also juristisch problemlos, daher nichts, was theologisch anfechtbar wäre und deshalb politisch blockiert werden müsste. Punkt. Von James weiß man, dass er dem Treiben von Händlern lange kritisch gegenübergestanden ist (»they enrich themselves upon the loss of all the rest of the people«), später aber, wie viele seinesgleichen, den Dienst dieser Geister durchaus zu schätzen wusste, weil die königliche Schatulle davon profitiert hat (Kitch 2009, 161). Dass das ein weiterer Nagel im Sarg seines göttlichen Gönners sein würde, scheint ihm keine Sorge bereitet zu haben.

Schon kurze Zeit später standen alle Zeichen aber auf Sturm, als die höfische *Politik* ihre theologische Hülle abgestreift, Parlament und Monarchen aufeinandergehetzt und den »irdischen Gott« (Charles I) einen Kopf kürzer gemacht hatte. Sobald sie, so viel ist rasch klar geworden, aus dem langen Schatten der Religion tritt, werden Verhältnisse nicht einfach neu ausgerichtet, sondern gewaltsam durchgerüttelt. Dabei ist es, kurz gesagt, dahin gekommen, dass die Stimme des Volkes *(vox populi)* den göttlichen Redefluss *(vox dei)* gewaltsam stoppt. Auch dieses Drama sollte nicht in einem Akt geschehen (Christin 2014), selbst die Dogmatik hatte Schwierigkeiten, sich umzustellen – der neue Souverän musste bis auf weiteres dem alten seine Reverenz erweisen: »Though God authorizes government, He did it through the people« (Morgan 1988, 56). Immerhin, mit einem (Schwert-)Schlag wurden sämtliche Monarchen, gleichgültig ob Lancaster- oder York-, Tudor- oder, wie der geköpfte Karl, Stuart-Abkömmlinge, nachträglich zu Usurpatoren erklärt.

Die Stimme des Volkes war schon damals nicht jene des kleinen Mannes. Das Sprechen haben andere für ihn besorgt: ›Vertreter‹, deren Auswahl über seinen Kopf hinweg organisiert worden ist (nur eine verschwindende Minderheit durfte wählen). Diese Für(sich)sprecher hatten sich des alten Souveräns nicht entledigt, um umstandslos ihrem neuen zu gehorchen. »Volk« – das war für Parlamentarier vom Schlage Henry Parkers keine Autorität, deren Direktiven sie auszuführen hätten, sondern ein Konvolut, das sich selbst nicht regieren konnte. Masse (»the people's voluminous body«) und Mitwirkung würden, zusammengenommen, nichts als Verwirrung (»confusion«) stiften. Daraus zog Parker den Schluss, dass einige im Namen und zum Nutzen der Vielen regieren müssten: »A few shall act for the many.« Diese Elite sollte aber kein feudalistisch zusammengewürfelter Haufen sein wie bisher, sondern ein genaues Abbild (»equally and geometrically proportional«) der existierenden Bevölkerungsstruktur (Parker 1642, 11 ff.). Anderen »Proportionalisten« gleich stützt Henry Parker seine Auffassung auf die Überzeugung, dass Masse und Vielfalt auch positive Effekte haben, weil »more eyes« nun einmal mehr sehen – ein Argument, das auf den großen Aristoteles zurückgeht und schon deshalb Gewicht hatte. Doch ganz sicher ist sich Parker des heilsamen Effekts der ›Schwarmintelligenz‹ dann doch nicht, jedenfalls lässt er den Faden unversehens abreißen: Aus »a few shall act for the many« wird »the wise shall consent for the simple«. Parker saugt sich sein Misstrauen nicht aus den Fingern, sondern verarbeitet, was man ihm zugetragen hatte: Die kleinen Leute, »versessen darauf, sich von ihren Repräsentanten zu distanzieren«, beginnen Ärger zu machen (Parker 1642, 12). Nicht weil es sie danach drängen würde, sondern aus dem einfachen Grund, dass ihr Gehirn von königstreuen Einflüsterern vernebelt worden sei.

Anderthalb Jahrhunderte später sollte sich das gleiche Schauspiel in Frankreich zutragen. Auch dort entdeckten Führer ›ihr‹ Volk als Macht, in dessen Namen das alte Regime der Guillotine überantwortet werden konnte. Noch deutlicher als ihre englischen Gesinnungsbrüder haben sie klargestellt, dass dem Pöbel ein Prinzip vor die Nase gesetzt werden musste, welches ihn vor falschen Entscheidungen bewahrt: die Stimme der Natur, Föderation, Freundschaft, Vernunft eines Höchsten Wesens oder welche Instanz sonst den Fachleuten der Revolution gerade einfiel (Ozouf 1988). Und dennoch: »Volk« war ein Wort geworden, das sich von den Vielen, der »bête noire de l'élite eclaireé«,[1] nicht mehr trennen ließ. Mit dem Eigensinn kleiner Leute musste auch künftig gerechnet werden; was ihn zur Räson bringen sollte, kann man bereits Henry Parkers Plan entnehmen: Die Menge wird *geführt*, ihre Meinung *geformt* und deren Einfluss *gefiltert*.

1 | www.lefigaro.fr/mon-figaro/2013/01/31/10001-20130131ARTFIG00692-l-indocile-peuple-francais-bete-noire-de-l-elite-eclairee.php

II Dominanz

5 Volksbildung

Filtern, Formen, Führen – damit sind drei Prozesse angesprochen: Das Volk soll am politischen Entscheidungsprozess partizipieren können, doch muss seine Beteiligung auf die Wahl von Vertretern (Abgeordneten) beschränkt bleiben. Das Wahlrecht ist, zweitens, an bestimmte Qualifikationen zu binden, die den Menschen vermittelt werden müssen, bevor sie ins Wahlgeschäft eingreifen dürfen. Drittens sind Abgeordnete erwünscht, die nicht nur Fleisch vom Fleisch ihrer Wähler sind, sondern ein überschießendes Format aufweisen.

Das ist schnell dahingesagt, doch noch im 18. Jahrhundert waren selbst die ›vorauseilenden‹ Verhältnisse Englands weit vom gewünschten Zustand entfernt. Auf William Hogarths Kupferstichen von 1754/55 kann man verfolgen, wie Wahlen und Wahlkämpfe zu jener Zeit offenbar verlaufen sind. Einer davon, *Election Entertainment,* zeigt besonders eindringlich, woran das Ganze gekrankt hat: Politik und Unterhaltung waren praktisch eins. Ort der Handlung ist ein gut gefülltes Wirtshaus, zwei Kandidaten kungeln mit vermischtem Volk, es geht um Stimmenkauf. Einerseits können sie sich aufdringlicher Annäherungsversuche kaum erwehren, andererseits ist das Gros ihrer Kunden mit allem Möglichen, nur nichts ›Politischem‹ beschäftigt. Der örtliche Bürgermeister verschlingt Austern bis zum Exzess (und womöglich Exitus), derweil kippt sein Sitznachbar, getroffen von einem Backstein, der durchs offene Fenster geschleudert worden ist, rücklings vom Stuhl. Dafür werfen andere mit Schemeln nach den Aggressoren, die auf der Straße für einen politischen Gegner demonstrieren. Musikanten sollen das Durcheinander ›musikalisch untermalen‹, aber keiner hört hin, weil jeder entweder anderweitig zu tun hat oder sich einfach die Hucke vollsäuft. Manches mutet vielleicht modern an, der Exzess ist von gestern.

Folgt man Hegels späterer Diagnose, lässt sich der Saustall erklären. Das ›Volk‹ weiß ganz genau, dass vom Wahlrecht eigentlich nur der etwas hat, den die Wahlstimmen ins Parlament spülen – dafür lässt man ihn bezahlen: am besten mit »Bändern, Braten und Bier« oder auch »Pudding und Porter« (Hegel 1976, 116, 114). Es sei, beklagt sich ein genervter Spender, »kaum vorstellbar, wieviel diese Burschen, ihre Weiber und Kinder in 24 Stunden konsumieren – und welche Rechnungen die Gasthäuser und Kneipen ausstellen« (Lipson 1913, 80). Manches spricht dafür, dass der gewöhnliche Wähler auch den Klassenkampf gerne so ausgetragen hätte: mehr Rauferei als Revolution, lieber beim Bier als auf Barrikaden (für Preußen-Deutschland vgl. Anderson 2009, Kühne 1994). Zu tun gab es jedenfalls genug, wenn man eine friedfertige und anständige Demokratie auf den Weg bringen wollte.

5.1 Spuren lesen

Für den »gemeinen Mann«, der die ordinäre Bevölkerung hinter sich gelassen hat und Mitglied des souveränen Volkes geworden ist, fallen zwei Privilegien ab: Er zählt jetzt als *Bürger* und wird zugleich damit *Wähler.*

Was charakterisiert den Bürger? Ausgemacht ist, dass er Eigenschaften besitzt, die niemand von Natur aus mitbringt, nämlich Besitz und Bildung. Doch nicht jeder Besitz reicht schon aus oder zählt überhaupt, sowenig wie es einerlei ist, welche Bildung einer genossen hat. John Lockes »Gedanken über Erziehung« etwa beschäftigen sich damit, wie dem jungen Gentleman Körper und Geist anzutrainieren sind – das meiste davon, vom gesundheitsfördernden Fußbad bis hin zur Lektüre lehrreicher Äsop-Fabeln, betrifft politisch belanglose Exerzitien (Locke 1986). Leicht zuspitzend könnte man sagen: Hier kommt es auf die Bildung nicht an, weil schon der (Grund-)Besitz bildet. Umgekehrt sähe es dann beim ›gemeinen‹ Nachwuchs aus – er müsste so gebildet werden, dass er Besitz nicht braucht, um auf dem Pfad der politischen Tugend zu wandeln. Über den passenden Lehrplan war man sich weitgehend einig: »The Promotion of Christian Knowledge« (der einschlägige Förderverein wurde bereits 1698 gegründet).

»Christliches Wissen« zu vermitteln war keine einfache Sache. Die Brisanz des Projekts hat keiner so scharf herausgearbeitet und klarsichtig vorgeführt wie Bernard Mandeville. Sein Fazit: Das Ideal, den Pöbel zu bilden, gehört zu jenen privaten Tugenden (wohlmeinender Reformer), die unversehens in ein öffentliches Laster münden können. »Die Wohlfahrt jeder sozialen Gemeinschaft verlangt«, räsonniert er, »eine Ausführung der Arbeit durch solche, die erstens stark und kräftig sind und Bequemlichkeit und Müßiggang nicht kennen, und die zweitens in Bezug auf ihre Lebensbedürfnisse keine großen Ansprüche machen.« Oder noch ruppiger: »Der sicherste Reichtum« besteht »in einer Menge schwer arbeitender Armer« (Mandeville 1980, 318, 319). Daraus folgt unmittelbar, dass es fatal wäre, dieser Masse Fähigkeiten beizubringen, derer sie nicht bedarf: »Lesen, Schreiben und Rechnen sind sehr wichtig für diejenigen, deren Beruf solche Fertigkeiten verlangt; wo aber die Menschen nicht auf jene Künste angewiesen sind, wie bei den Armen, die ihr täglich Brot durch ihrer Hände Arbeit verdienen, da sind sie höchst verderblich.« Vor allem deswegen, weil Lernen »Müßiggang« ist, der seine Klientel zwangsläufig verdirbt – »je länger die Jungen ein derart bequemes Leben führen, desto ungeeigneter werden sie als Erwachsene zu ordentlicher Arbeit sein« (Mandeville 1980, 320). Dies umso weniger, als derartige Qualifikationen auch Erwartungen (sie anwenden und versilbern zu können) wecken, die, weil hoffnungslos illusorisch, tief reichende Ressentiments erzeugen.

Allerdings, dass Arme auf alle Zeiten klaglos für den Müßigang ihrer Ausbeuter schuften würden, konnte Mandeville schon deshalb nicht unterstellen, weil man ihm von etlichen Lakaien berichtet hat, welche eine Gewerkschaft gründen wollten, um bessere Arbeitsbedingungen und höhere Löhne durchzusetzen. Dass ausgerechnet dieses »Pack« (Mandeville) rebellisch geworden ist, erstaunt wenig, sieht doch, wer direkt für einen Herrn arbeitet, mit eigenen Augen, wie viel schlechter der Knecht fährt. Es gilt die Regel: »Je weniger jemand von besserer Lebensführung weiß, desto zufriedener wird er mit der seinigen sein.« (Mandeville 1980, 345) Eine Weisheit, deren Wert allerdings darunter leidet, dass sie auf Verhaltensroutinen, die geschwunden, und Informationsmauern, die gebröckelt sind, angewiesen ist.

Mandeville, dessen Devise »private vices, public benefits« das konventionelle Ordnungsdenken ad absurdum führen sollte, weiß sich nicht anders zu helfen als durch den reaktionären Rekurs aufs (auch von ihm) abgehalfterte Wort Gottes: »Der Sonntag«, räsoniert er, ist »der nützlichste Tag der Woche, der dem Gottesdienst und der Erbauung wie auch dem Ausruhen von der körperlichen Arbeit vorbehalten ist, und es ist die Pflicht jeder Obrigkeit, diesem Tag besondere Sorgfalt zu widmen. Gerade die Armen und ihre Kinder sollten veranlasst werden, sowohl vor- wie nachmittags zur Kirche zu gehen« – wo Pfaffen ihre Schäflein aufs *nächste* Leben vertrösten können müssen (Mandeville 1980, 339). Diese Remedur rechnet schon früh mit dem Risiko, dass der gemeine Mann dies, nämlich »gemein«, im doppelten Sinne sein würde, zugleich volkstümlich und pöbelhaft. Die Austreibung des schlechten Menschen im guten würde ein Curriculum erfordern, das zwei Arten von Lektionen umfasst: teils vorgeschriebene (religiös), teils vorenthaltene (intellektuell).

5.2 Gewerbe und Gehirn

Manchmal bilden sich Epochenbrüche direkt in Texten ab. Ein später ersatzlos gestrichener Artikel des *Staatslexikons* von 1847 über das »Gewerbe- und Fabrikwesen« schlägt zunächst einen hoffnungsfrohen Ton an – der kleine Mann, schon als Landwirt mit Verstand begabt, erwirbt noch viel mehr davon, sobald er sich auf handwerkliche Berufe verlegt: »Unzweifelhaft weckt die Beschäftigung mit Gewerben die Verstandeskräfte mehr, als dieses durch den Ackerbau oder gar durch die Viehzucht geschieht. Teils muss sich der Gewerbsmann in eine größere Anzahl von gegebenen Fällen hineindenken«; teils halten die »verwickelten Verhältnisse den Geist aufgeweckter«; teils »hat er eine ausgedehntere und tiefere Bildung nötig, welche ihm dann namentlich auch durch die zum Teil großen Reisen zuteil wird, die er der Mehrzahl nach in seiner Jugend zu seiner technischen Ausbildung macht, welche aber auch in allgemeiner menschlicher Beziehung reiche Früchte tragen.« Weshalb, von Ausnahmen abgesehen, »nicht geleugnet« werden kann, »dass die Gewerbetreibenden eine intelligentere Klasse bilden« (Mohl/Mathy 1847, 740 f.).

Der Mehrwert an technischer Intelligenz und sozialer Kompetenz schlägt sich auch politisch nieder: Derart doppelt Qualifizierte haben »ein größeres Vertrauen auf die eigene Kraft und dadurch ein lebhafteres Gefühl der Unabhängigkeit. [...] Hieraus erklärt sich auch, dass nach allgemeiner Erfahrung aller Zeiten und Länder die Gewerbenden eine unabhängigere, häufig sogar eine trotzige Stellung zum Staate und seinen Behörden einnehmen. Sie glauben sich durch ihre Bildung zur Beurteilung der Regierungshandlungen berufen« und »haben das Gefühl ihrer Rechte« (Mohl/Mathy 1847, 741). Der gemeine Mann als kompetenter Bürger – das war ein Hirngespinst, dessen die liberale Sache bedurft hat, um sich als Partei des Volkes verstehen zu können. Indessen musste es, kaum geboren, auch schon wieder beerdigt werden, der widrigen Begleitumstände des willkommenen Fortschritts wegen: »Völlig anders stellt sich dieses Alles bei dem fabrikmäßigen Betriebe. Hier ist blendendes Licht und tiefster Schatten neben einander gestellt, denn es tritt bei dem ersten Blicke der große Unterschied zwischen den Eigentümern und den zahlreichen Arbeitern hervor. Beide trennt in Beziehung auf Vermögen, Bildung und Interessen eine weite Kluft und beide verhalten sich sehr verschieden zu dem Handwerker, dem sie übrigens beide gleich wenig gleichen.« (Mohl/Mathy 1847, 755)

Die Schere geht auseinander und wer an der falschen ›Spitze‹ landet, hat vom Leben nichts mehr zu erwarten: »Fasst man aber das Schicksal dieser Vielen ins Auge, so findet man einen solchen Abgrund an Elend, eine solche Masse von giftigen in demselben gärenden Übeln, dass, hiermit verglichen, das übermäßige Glück Einzelner, aus sittlichem und aus wirtschaftlichem Gesichtspunkte, ganz verschwindet.« Die Gesellschaft ist aus dem Gleichgewicht geraten, sichtbar für *alle*, so dass sich das alte Lakaien-Problem in einer neuen, viel gewaltigeren Dimension stellt: Es »können und, wenn keine durchgreifende Hilfe gefunden werden sollte, es müssen« aus dem Massenelend tödliche »Gefahren für die ganze bürgerliche Gesellschaft hervorgehen« (Mohl/Mathy 1847, 756).

Schon wenig später wird aus der düsteren Prognose eine angsteinflößende Empirie: »Es sind aber furchtbare Empörungen plötzlich ausgebrochen«, diagnostiziert Robert von Mohl 1869 das aufrührerische, wiederholt gewalttätige Verhalten der arbeitenden Masse. »Die bis zu fassbarer Ungesetzlichkeit gehenden Versuche sind allerdings von den Gerichten mit strengen Strafen heimgesucht, die offen mit dem Gesetz in Widerspruch stehenden Ausbrüche mit Waffengewalt, wenn auch immer mit großer Anstrengung und schrecklichen Opfern niedergeschlagen worden; aber damit ist natürlich die Ursache nicht beseitigt, der Wille zur Selbsthilfe nicht gebrochen, vielmehr im Gegenteile die feindselige Gesinnung durch Rachegefühl noch verstärkt.« (Mohl 1962, 531f.) Das pöbelnde Volk ist eine »gefährliche Klasse« *(la classe dangereuse)*.

Dass die düstere Erfahrung nicht alleine der flächendeckenden Verelendung geschuldet ist, sondern auch eine massenhafte »Verblödung« signalisiert, darauf hat schon viel früher Adam Smith hingewiesen: »Mit fortschreitender Arbeitsteilung wird die Tätigkeit der überwiegenden

Mehrheit derjenigen, die von ihrer Arbeit leben, also der Masse des Volkes, nach und nach auf einige wenige Arbeitsgänge eingeengt«. Wessen Arbeit so zusammenschrumpft, der »hat keinerlei Gelegenheit, seinen Verstand zu üben«. Weshalb es ganz natürlich ist, »dass er verlernt, seinen Verstand zu gebrauchen, und so stumpfsinnig und einfältig wird, wie ein menschliches Wesen nur werden kann« – so dass er »vielen Dingen gegenüber, selbst jenen des täglichen Lebens, seine gesunde Urteilsfähigkeit verliert« (Smith 1993, 662).

Keine Frage: Diese Menschenmasse konnte man nicht als »Wahlvolk« auf die Politik loslassen. Schon erste, ganz zögerliche Versuche bestätigen, was zu erwarten war: »Wir haben gesehen«, so John Stuart Mills Resümee fürs (weiterhin) vorauseilende England, »dass die Demokratie einer doppelten Gefahr ausgesetzt ist: einmal die Gefahr eines zu geringen Grades an Intelligenz in der Repräsentativkörperschaft und des sie kontrollierenden Volkes, zum andern der Gefahr einer Klassengesetzgebung der numerischen Mehrheit, sobald diese ausschließlich aus Mitgliedern einer einzigen Klasse besteht.« Daher sei als Erstes zu erkunden, »wieweit die Demokratie so organisiert werden kann, dass ohne erhebliche Beeinträchtigungen der charakteristischen Vorzüge demokratischer Regierungen diese beiden großen Missstände beseitigt werden oder zumindest jede menschenmögliche Korrektur erfahren« (Mill 2013, 112). Während in puncto Menge unter den gegebenen Umständen nichts zu machen war, so konnte man doch ihre Borniertheit kurieren, bevor ihnen der Urnengang gestattet wurde: »Ich halte es für gänzlich unzulässig«, verkündet der Wahlarchitekt, »dass jemand wahlberechtigt sein soll, der nicht lesen und schreiben kann und, würde ich noch hinzufügen, die Grundrechenarten nicht beherrscht.« (Mill 2013, 141)

No brain, no vote, sozusagen. Diese Devise ist so richtig wie riskant, denn wer garantiert, dass das ›Hirn‹, erst einmal stimuliert, danach zur Ruhe kommt? Mandeville hat gesehen, wo der Hase im Pfeffer liegt: Nicht nur, dass Rechen- und Schreibkenntnisse kein Volk davon abhalten, am Wahltag seine schiere Masse auszuspielen, sie wecken in ihm auch den gefährlichen Wunsch nach Höherem. Not täten stattdessen Lektionen, die dem Menschen beibringen, sich dort häuslich einzurichten, wo Gott oder das Schicksal ihn platziert hat – wo das Leben nun einmal kaum anders sein würde, als wenn ›sein‹ Staat gar nicht existierte: eben einsam, armselig, ekelhaft, tierisch und kurz (Hobbes). Mandevilles Sonntagsschulen sollten so etwas leisten, und ausgerechnet Jean-Jacques Rousseau, sein Antipode, hatte nichts Besseres im Sinn, als den Volksbetrug zu demokratisieren: nach der Maxime, dass gerade dann, wenn das Volk (näher) an die Macht (heran-)kommen soll, Gottes Wort es davon abhalten müsse, mit dieser Macht etwas anzufangen. Die richtige Konfession wirkt als politische Bildung, ihre Dogmen sind »einfach, gering an Zahl und klar ausgedrückt«. Lehren muss sie »die Existenz der allmächtigen, allwissenden, wohltätigen, vorhersehenden und sorgenden Gottheit, das zukünftige Leben, das Glück der Gerechten und die Bestrafung der Bösen sowie die Heiligkeit des Gesellschaftsvertrags und der Gesetze«. Jede Kirche, die das zusammenbringt, ist aus staatlicher Sicht eine gute Kirche (Rousseau 1986, 140 ff.). *Cuius religio, eius regio.* Als ob diese Arznei kein Verfallsdatum hätte, haben bornierte Politiker und beflissene Pastoren hundert Jahre später immer noch versucht, sie zu verschreiben – ohne Rücksicht darauf, dass ganz andere Patienten hätten kuriert werden müssen: nicht mehr »Kinder« (Rousseau), sondern »Proleten«, die nichts als Kinder hatten.

5.3 Gottes Dienste

Mandevilles Vorschlag (den auch andere aufs Tapet gebracht hatten), Rebellion präventiv mit Religion zu bekämpfen, erwies sich tatsächlich als ›Renner‹ und stieß unter Regierenden auf ebenso breite wie dauerhafte Resonanz. Wissen und Glauben fielen praktisch zusammen, wobei sich vor allem diese eine Botschaft in den Gehirnen festsetzen sollte: dass dem Kaiser zu geben sei, was des Kaisers ist.

»Es ist ein großer Behuf für die Jugend«, deklariert eine typische Schulordnung von 1698, also bereits zu Lebzeiten Mandevilles, »wenn sie nach Art und Fähigkeiten ihrer Geistesgaben versteht, was sie lernen soll. Deswegen soll die Jugend nicht nur bloß verhört werden, ob sie die Worte auswendig wisse, sondern ob sie auch wisse, was und wozu sie gelernt, wer ein Gebot gegeben oder ein Gebet gemacht, einen Glaubensartikel gelehrt, ein Sakrament eingesetzt, was der Inhalt desselben sei, wie dieses oder jenes gehalten oder übertreten, recht oder übel gebraucht und in der Kinder Leben gebraucht werden könne. Daher ist ihnen dieses zuförderst bei Aufgebung der Lektion kurz und einfältig zu erklären, auch wenn sie rezitieren, von ihnen zu erfragen und, wenn sie es nicht wissen, zu weisen. Denn sonst werden sie bei dem Auswendiglernen entweder gar keinen oder einen verkehrten und ungereimten Verstand fassen.« (Dietrich/Klink 1972, 128) Religionsunterricht als Staatsaufgabe und Volksaufklärung – diese Devise geht, genau besehen, noch über Mandeville hinaus, weil sie nicht alleine den sonntäglichen Gottesdienst nutzen will, um die Schafe geistig zu behüten, sondern Seelsorge zur Daueraufgabe macht: Kirche plus Staat, Feier- plus Werktage sollten genutzt werden, um ja keinen Raum für falsche Gedanken zu lassen.

Allerdings haben kühler denkende Zeitgenossen der regierenden Hoffnung, dass die gottergebene Pädagogik ihre darbenden Adressaten gegen ›sozialistische‹ Anfechtungen immunisieren würde, gleich einen Dämpfer versetzt. Bei aller Bedeutung, die dem religiösen Betrieb zukomme – nachhaltige Befriedungseffekte seien von der geistlichen Indoktrination kaum zu erwarten: »Vorerst ist doch wohl sehr zu zweifeln, ob eine solche allgemeine Verbreitung von Religiosität [...] unter Millionen von Fabrikarbeitern wahrscheinlich, ja nur möglich ist. Es geschehen, was die Religion betrifft, zwar allerdings vor unseren Augen gar mannigfache Bemühungen und Versuche; auch haben wir wieder manches auferstehen sehen müssen, was man vernünftiger Weise als tot betrachten durfte: allein ist bei dem Allen im Großen der Sinn für Kirchlichkeit und gläubige, entsagende Demut im Steigen, oder immer vielmehr im Fallen?« (Mohl/Mathy 1847, 765) Schon damals eine rhetorische Frage.

Diese Skepsis musste sich dem nüchternen Beobachter nachgerade aufdrängen. Doch gottgesandte Regenten konnten aus ihrer Warte wohl nicht anders als – bis tief ins 19. Jahrhundert hinein – durch staatlich verabreichte Religionsschübe die riskante Diffusion des weltlichen Verstandes zu unterbinden (Kuhlemann 1992, 236ff.). Gerade Preußens amtliche Reaktion hat daran keinen Zweifel gelassen: »Es ist daher an der Zeit«, ließ ein zuständiger Minister verkünden, »das Unberechtigte, Irreführende und Überflüssige auszuscheiden und an seiner Stelle dasjenige nunmehr auch amtlich zur Befolgung vorzuschreiben, was von denen, die die Bedürfnisse und den Wert einer wahrhaft christlichen Bildung kennen und würdigen, seit langem als notwendig gefühlt, von treuen und erfahrenen Schulmännern als dem Volke wahrhaft frommend und als ausführbar erprobt worden ist.« (Stiehl 1854, 64) Erfahrung und Gemeinwohl, Nüchternheit und Notwendigkeit, der liebe Gott und wackere Schulmänner werden in Stellung gebracht, um den Gedankenfluss in sein altes Bett zurückzuleiten: »Das Leben des Volkes verlangt seine Neugestaltung auf Grundlage und im Ausbau seiner ursprünglich gegebenen und ewigen Realitäten auf dem Fundament des Christentums, welches Familie, Berufskreis, Gemeinde und Staat in seiner kirchlichen berechtigten Gestaltung durchdringen, ausbilden und stützen soll. Demgemäß hat die Elementarschule, in welcher der größte Teil des Volkes die Grundlage, wenn nicht den Abschluss seiner Bildung empfängt, nicht einem abstrakten System, oder einem Gedanken der Wissenschaft, sondern dem praktischen Leben in Kirche, Familie, Beruf, Gemeinde und Staat zu dienen, und für dieses Leben vorzubereiten, indem sie sich mit ihrem Streben auf dasselbe gründet und innerhalb seiner Kreise bewegt.« (Stiehl 1854, 64)

Ein Großteil dieser reaktionären Regulativ-Pädagogik war weiterhin der christlichen Religion und dem kirchlichen Gesang gewidmet (künftige Volkserzieher mussten mindestens 50 Kirchenlieder beherrschen – aus einem Angebot von 75), im Übrigen dominierten Lehrverbote, die dafür sorgen sollten, dass weiterhin Herzen statt Köpfe gebildet würden. Das Motto hätte heißen können: »respect for difference« (Alan Ryan) – jeder darf intellektuell nur so weit ermächtigt werden, dass er in angestammten Verhältnissen bestehen kann und den höheren Ständen die schuldige Ehre erweist. Weil es diese Differenz vernebelt, aber auch weitere Unterschiede vernachlässigt hat (Gott-Welt, Bürger-Bauer, Stadt-Land, ja sogar Mann-Frau), ist »abstractes« Denken zum pädagogischen Erzübel avanciert – zusammen mit »systematischen« Überlegungen, die gleichfalls unter dem dringenden Verdacht standen, eine vielgestaltige Wirklichkeit kurzentschlossen ›platt‹ zu machen. Loblieder sang man dafür auf alles, was als »elementar« galt oder »praktischen« Nutzen bringen würde. Ein obsoletes Gemisch und desolates Konzept (Nyssen 1974).

Nicht überall kam die amtliche Schul-Frömmigkeit derart verstaubt daher wie in Preußen – doch auch anderswo fand Volksschulung noch lange unter christlichen Auspizien statt (Ozuf 1982; Loison 2007; Hole 1989; Smith 2008). Dies galt programmatisch (Curriculum) ebenso wie organisatorisch (Aufsichtsgremien) und personell (Lehrkräfte). Das französische Schulsystem wurde auch nach der Revolution von dem Credo geleitet, die religiöse Zwangsernährung würde den Gesellschaftskörper von sämtlichen Krankheiten des korrumpierenden Fortschritts kurieren: »Dank der Religion«, verkündete 1796 Frankreichs nachmaliger Oberzensor de Bonald, »sind alle gesellschaftlichen und politischen Verbrechen verschwunden, darunter auch jene, »die des Bürgers Gewaltbereitschaft und Leidenschaft angestachelt haben« (de Bonald 1854, 298). Nachdem Gottes Bataillone bei Sedan auf Seiten des Feindes standen, hielt man dessen Erziehungsmodell für die beste Verwirklichung des eigenen und den schnellsten Weg zurück zur früheren Größe. »In Deutschland«, so pries man seine frisch entdeckte Leitkultur, »erzieht die Schule zum Gehorsam und nicht zur Revolution.« (Ozouf 1982, 23) Zur selben Zeit mussten sich Englands populäre, doch gottlose (Arbeiter-)Schulen vorhalten lassen, sie würden ›gemeinschaftskundlich‹ versagen und könnten das, worauf es wirklich ankomme, nicht an die Kleinen bringen – »das Gros der Kinder« lerne, so der allgemeine Eindruck, »seine Pflichten nicht« (Gardner 1984, 165). Wobei sich Englands Fachleute mit ihren französischen Kollegen darin einig waren, an welchem Wesen das Schulsystem genesen würde: »Ich habe keine Zweifel«, schrieb der Schulreformer Joseph Payne seinen Landsleuten hinter die Ohren, »dass Englands Ideal Deutschlands Wirklichkeit ist.« (Payne 1876, 126 f.; s. auch Armytage 2012)

Doch weder in Preußen noch sonstwo war eine Rückkehr zur frömmelnden »Nationalstupidität« (ein Begriff des Reformpädagogen Friedrich Eberhard v. Rochow) das patente Mittel, um junge Menschen durch Erziehung vor Bildung zu schützen. Dieser Ansatz schien selbst jenem Amt allmählich suspekt, dessen Verstand ihn einst ausbuchstabiert hatte. Die preußischen Regulative, als pädagogischer Schutzwall gegen den profanen Zeitgeist gedacht, wurden einige Jahre später ohne viel Aufhebens wieder kassiert: »Die Lebensbedürfnisse unseres Volkes, die Entwicklung der Industrie, die starke Bewegung in der Bevölkerung, welche ja in ganzen weiten Distrikten den Unterschied zwischen Dorf und Stadt vollständig verwischt hat, haben es meiner Meinung nach dem Staate zur Pflicht gemacht, für ausreichend gebildete Lehrer der Volksschule zu sorgen.« Eine Erleuchtung, die 1879 dem preußischen Schulminister Falk kommt (zit. in Wenzel 1974, 324).

Der neue Ton hat einen guten Grund: Bei allem »Respekt vor der Differenz« wäre es, da Unterschiede weder in Stein gemeißelt sind noch sein dürfen, wohl nichts als reaktionäre Panik, auf keinen Fall jedoch realistische Politik gewesen, unaufhörlich unverrückbare Grenzlinien zu beschwören. Kritisches (»theoretisches«) Denken war allerdings weiterhin tabu, nach dem freigeistigen sollte auch das sozialdemokratische Übel gewohnt »hausbacken« (Bismarcks Empfehlung) ausgemerzt werden. Unausgesprochen schwebte den Schulpolitikern eine partielle Modernisierung vor: Die Füße bewegen sich (industrielle Revolution), der Kopf hält still (politische Stagnation). Dieses Spannungsverhältnis ausschließlich durch Pädagogik zu stabilisieren, wäre aber keine gute Idee gewesen. Richten sollte das am Ende das *Wahlrecht*. Mit ihm, hat man gehofft, würde sich der politische Bewegungsdrang so strukturieren lassen, dass überschüssige Antriebskräfte ›verdaut‹ und gefährliche Unwuchteffekte vermieden werden könnten.

5.4 Wahl-Bürger

Partizipation und Restriktion, darauf liefen die einschlägigen Überlegungen hinaus, mussten in ein stabiles Gleichgewicht gebracht werden – welches dann gefunden wäre, wenn ein sorgsam austariertes Wahlrecht Bildungs- mit Besitzerfordernissen so kombiniert, dass bei keiner Gruppe, keinem Stand, keiner Klasse der Eindruck entsteht, mitspielen zu dürfen, ohne etwas gewinnen zu können.

Es sollte sich aber schnell zeigen, dass dies ein weites Feld sein würde. Den Versuchen, die rechte Balance zu finden, hat es an Phantasie nie gemangelt: beginnend beim freihändig bestimmten Wahlalter (von Wählern und Gewählten) über das variierende Gewicht von Wahlstimmen (je nach Steuerkraft z. B.) bis hin zur opportunistischen Länge der Wahlzyklen (in Preußen bis zu acht Jahre). Des Weiteren wurden gerne Wahlmännergremien dazwischengeschaltet (worauf neben preußischen bekanntlich auch amerikanische Verfassungsväter verfallen sind), damit das Volk seinen Vertretern ja nicht zu nahe trete. Zu guter Letzt kamen, weil sie den populistischen Schwung zu dämpfen versprachen, Zwei-Kammer-Systeme in Mode: deren obere, mal »Senat«, mal »Herrenhaus« genannt, in Stand gesetzt werden sollte, der »unteren«, die ihrer größeren Volksnähe wegen misstrauisch beäugt wurde, dauerhaft Zügel anzulegen.

Einen atmosphärischen Eindruck vom seinerzeit herrschenden Konstitutionsgeist vermittelt die Gedankenwelt des preußischen Königs, der 1850 daran ging, sein Volk und dessen Vertretung zu verfassen. Danach mussten Gesetzesvorlagen neben dem Monarchen noch zwei Kammern zustimmen, in folgender Zusammensetzung: »1) Die erste Kammer besteht: a) aus den großjährigen Königlichen Prinzen; b) aus den Häuptern der ehemals unmittelbaren reichsständischen Häuser in Preußen – und aus den Häuptern derjenigen Familien, welchen durch Königliche Verordnung das nach der Erstgeburt und Linealfolge zu vererbende Recht auf Sitz und Stimme in der ersten Kammer beigelegt wird. In dieser Verordnung werden zugleich die Bedingungen festgesetzt, durch welche dieses Recht an einen bestimmten Grundbesitz geknüpft ist. [...]; c) aus solchen Mitgliedern, welche der König auf Lebenszeit ernennt. Ihre Zahl darf den zehnten Teil der zu a. und b. genannten Mitglieder nicht übersteigen; d) aus neunzig Mitgliedern, welche in Wahlbezirken, die das Gesetz feststellt, durch die dreißigfache Zahl derjenigen Urwähler, welche die höchsten direkten Staatssteuern bezahlen, durch direkte Wahl nach Maßgabe des Gesetzes gewählt werden; e) aus dreißig, nach Maßgabe des Gesetzes von den Gemeinderäten gewählten Mitgliedern aus den größeren Städten des Landes.« Etc. pp.[1]

Danach kommt die zweite – ausschließlich gewählte – Kammer zum Zuge und mit ihr das gewöhnliche(re) Volk, dem gleich ein Riegel vorgeschoben wird: »Auf jede Vollzahl von zweihundert und fünfzig Seelen der Bevölkerung ist ein Wahlmann zu wählen« – dem es dann, zusammen mit seinesgleichen, obliegt, alle ›Volksvertreter‹ zu wählen. Auf die (Wahl-)Sperre folgt der (Geld-)Filter: »Die Urwähler werden nach Maßgabe der von ihnen zu entrichtenden direkten Staatssteuern in drei Abteilungen geteilt, und zwar in der Art, daß auf jede Abteilung ein Drittel der Gesamtsumme der Steuerbeträge aller Urwähler fällt. Die Gesamtsumme wird berechnet: a) gemeindeweise, falls die Gemeinde einen Urwahlbezirk für sich bildet; b) bezirksweise, falls der Urwahlbezirk aus mehreren Gemeinden zusammengesetzt ist. Die erste Abteilung besteht aus denjenigen Urwählern, auf welche die höchsten Steuerbeträge bis zum Belaufe eines Drittels der Gesamtsteuer fallen. Die zweite Abteilung besteht aus denjenigen Urwählern, auf welche die nächst niedrigeren Steuerbeträge bis zur Grenze des zweiten Drittels fallen. Die dritte Abteilung besteht aus den am niedrigsten besteuerten Urwählern, auf welche das dritte Drittel fällt. Jede Abteilung wählt besonders und zwar ein Drittel der zu wählenden Wahlmänner.«[2]

Alles dies sollte, ergänzt um weitere Sperrvorrichtungen, sicherstellen, dass das Wahlrecht dem Volk genau so viel Macht einräumt, wie konstitutionell wieder entsorgt werden konnte. Die Sache des Fortschritts fiel so in verlässliche Hände: Ihrer nahmen sich Beamte, Professoren, Anwälte, Geschäftsleute, ein paar Journalisten, dazu Rentner, ja sogar politisierende Rittergutsbesitzer an (Sheehan 1983, 190 ff.) – durchwegs Leute, deren Vorstellungswelt mit den Erfahrungen des Durchschnittsbürgers eher

1 | www.verfassungen.de/de/preussen/preussen50-index.htm

2 | www.verfassungen.de/de/preussen/preussen50-index.htm

wenig Überschneidungspunkte hatte. Sollten sich diese Herren dennoch zu unbesonnenen Aktivitäten hinreißen lassen, würden Männer von Adel die Reißleine ziehen. Kurzum, Besitz und Bildung haben im politischen Regime (außerhalb des königlichen Reservats, der Exekutive) durchaus Fuß gefasst, doch ihr Einsatz wurde ganz vorsichtig dosiert, nach dem Rezept: Noble Menschen kooptieren arrivierte und marginalisieren gemeine. Über deren Inklusion nachzudenken, blieb vereinzelten Fortschrittsfreunden überlassen, welche darüber räsoniert haben, wie man Masse in Macht transformieren könnte, ohne die ›Mitte‹ zu verlieren.

John Stuart Mill war die prominenteste Stimme in dieser Gruppe – und zugleich der lebende Beweis dafür, dass Verfassungstüftelei kein deutscher Sonderweg gewesen ist. Mills besonderes Steckenpferd: das doppelte Stimmrecht für hinreichend qualifizierte, den Ansprüchen des demokratischen Prozesses also genügenden Mitbürgern. Wem die Idee, gebildete Personen dürften zwei Stimmen abgeben, schon deshalb suspekt erschien, weil »dieses außergewöhnliche Privileg« damals »eher mit höherem Einkommen als mit höherer Bildung« zu tun hatte, bekam zu hören, es sei »unklug, noch ehe ein zuverlässigeres Kriterium der Bildung eingeführt ist, selbst auf ein so unvollkommenes wie die Vermögensverhältnisse zu verzichten.« Fürs Erste also: Besitz *als* Bildung – so lange, bis klar sein würde, wie man »mind« und Macht direkt aufeinander beziehen kann. Mill hatte eine praktikable Lösung bereits im Kopf. Er hielt es für angemessen, »allen Akademikern, allen, die mit Erfolg eine höhere Schule besucht haben, allen Angehörigen der freien Berufe und eventuell einigen anderen zu gestatten, sich in dieser ihrer besonderen Eigenschaft in irgendeinem selbstbestimmten Wahlkreis in die Wahlliste eintragen zu lassen und zu wählen, während sie gleichzeitig ihr Stimmrecht als einfache Bürger in ihrem Wohnsitz behalten würden« (Mill 1971, 154). Wer zum Fußvolk zählt, erhält eine Stimme, dem gebildeten, »moralisch oder geistig Höherstehenden« gebühren deren zweie – einmal, weil er mehr Vernunft aufbieten kann, aber auch deswegen, weil das numerische Übergewicht des »weniger gebildeten«, soll heißen: arbeitenden Teils der Bevölkerung ausgeglichen werden muss. Bildung kommt auf die Waagschale der Macht, Gewicht und Umrechnungskurs richten sich nach den örtlichen Gegebenheiten.

»The wise shall consent for the simple«, hieß es bei Henry Parker. Zunächst schien das eine ebenso klare wie kluge Regel zu sein. Nachdem man zwei Jahrhunderte an ihr herumgedoktert hatte, ist vom Charme der frühen Tage nicht mehr viel übrig geblieben. Ganz verblasst war er noch nicht. Sylvester Jordan, ein bekannter Professor des Staatsrechts und (kurhessischer) Verfassungsvater, zieht den revolutionären Schluss, Einsicht entstehe genau dort, wo ihr weder Hochmut (»Hofschranzen«) noch Vermögen (»Geldsäcke«) in die Quere kommt: Politische Klugheit, meint er, sei »von dem zu erwarten, der nicht zu den Reichen oder einer bevorzugten Standesklasse gehört« (Jordan 1843, 252). Der (reine) Geist repräsentiert das (große) Geld und die (hohe) Geburt. Palmer hätte es gefallen, Jordan hat geglaubt, er könne diesen Geist in der Flasche halten. Doch darauf wollten sich die ›Verantwortlichen‹ nicht verlassen – gegen Gedanken brachten sie vorsichtshalber Gewehre in Stellung.

5.5 Repressionsreserve

Dass Regierende und Regierte sich ›aufeinanderzubewegen‹, soll nicht heißen: Zwischen ihnen entsteht allmählich eine Art Vertrauensverhältnis, das mit zunehmender Dauer die Absicherung gegen Enttäuschungen und Rückschläge überflüssig erscheinen lässt. Regierte haben ihrem Unmut auch nach 1789 periodisch Luft gemacht, den Regierenden wollte es gar scheinen, als ob sie in permanenter Gefahr leben würden, also ununterbrochen auf der Hut sein müssten. Hegel hatte den Besorgten zwar den Weg aus dieser Unsicherheit gewiesen, nämlich eine Ausweitung staatlicher Daseinsvorsorge: »Der öffentliche Zustand ist«, heißt es in seiner Rechtsphilosophie, »für um so vollkommener zu achten, je weniger dem Individuum für sich nach seiner besonderen Meinung, in Vergleich mit dem, was auf allgemeine Weise veranstaltet ist, zu tun übrig bleibt.« (Hegel 1986, 388) Doch danach, diese Karte zu ziehen, stand ihr Sinn vorderhand nicht; sie hielten sich lieber an andere Propheten und deren Botschaft, dass sich die Masse ihre Misere selbst zuzuschreiben habe. Damit blieb das bedrohliche Restrisiko.

Um die Mitte des 19. Jahrhunderts hat der königlich-preußische Polizeiassessor Ballhorn diese Gespanntheit ins Grundsätzliche gewendet und so präsentiert, wie sie sich aus Sicht des ›abgehobenen‹ Staates darstellt: Wer regiert, beobachtet er, lebt nun einmal »in stetem Krieg mit jedem Einzelnen im Staate zum Wohle des Ganzen«. Sollte eine Regierung »vom guten Willen dieser Einzelnen abhängig werden, so würde sie ihre Kraft, ihr Ansehen verlieren und eben dadurch die Mittel, ihren

Zweck zu erreichen« (Ballhorn 1852, III). Der Staatsbürger ist zugleich ein Staatsfeind, ohne Ansehen seiner Person. In dieser Hinsicht wenigstens würden egalitäre Verhältnisse herrschen. Der Generalverdacht weist einerseits weit voraus (bis in unsere Zeit), andererseits ist er das Erbe vergangener Tage, als französische Vorbilder mit immensem Eifer und bescheidenem Erfolg nach jeder Spur einer unbotmäßigen Gesinnung gefahndet haben (Darnton 2002). Entsprechend erfasste Preußens Verdächtigenliste nicht alleine gemeine »Revolutionäre« verschiedener Provenienz, sondern auch durchaus illustre Kreise: etwa die Majore von Schack und von Zechlin, einen Grafen von Kalckreuth, den Fürsten Hatzfeld, Graf Goltz (seiner Geschwätzigkeit wegen) sowie, nicht zu vergessen, feindliche Elemente im Allerheiligsten selbst, der staatlichen Bürokratie (Obenaus 1940, 102). Vor dem Verdacht sind alle gleich.

Die »Partei der Gefährlichkeit« war mit dem »Staatsvolk« (Georg Jellinek) identisch, mehr oder weniger. Ihr gegenüber stand eine »Polizei des Patriotismus« (Obenaus), bestehend aus dem Monarchen und seinem Beamtenkorps. Deren Aufgabenkatalog umschloss, soweit das heimische Geschehen betroffen war (»innere Ruhe und Sicherheit des Staates«), einfach alles, was irgendwie verdächtig werden konnte: Eine »genaue Kenntnisnahme« sämtlicher einschlägiger »Vorfallenheiten« wurde angestrebt, die lückenlose Beobachtung »gefährlicher und verdächtiger Personen« war angesagt, es galt, »öffentliche Meinung, Gerüchte und Stimmung« penibel zu kontrollieren. Damit die Regierenden auf dem Laufenden blieben, ordneten sie mal tägliche, mal wöchentliche Rapporte sämtlicher Polizeibehörden an; weitere Neuigkeiten steuerte ein »Brieferöffnungsbüro« bei. Informationsströme sollten fließen – und wurden unterbrochen, denn ohne »Verhütung aller unpassenden politischen Nachrichten und Äußerungen im Lande durch Zensur und Leitung der inländischen Blätter« würde es nicht gehen. So stand es im Organisationsplan der preußischen »Politischen Polizei« von 1810 (Obenaus 1940, 94ff.; Siemann 1985). Er reflektiert die regierende Hysterie im Angesicht eines Zustands, der schon deshalb eingehegt werden musste, weil man ihn nicht verstehen konnte: ein »wildes Freiheitsgeschrei«, das »alle monarchischen Regierungen als die feindlichsten Formen bürgerlicher Glückseligkeit zu zerstören droht, dieser Geist der Freiheit und Zügellosigkeit, der Aufruhr und Zerstörung in den glücklichsten Staaten zu verbreiten sucht, die gottlosen Predigten und Gebete«, endlich »das schlechte Gewerbe der deutschen Apostel, überall herumzulaufen und die Regierung schlecht zu machen« (Obenaus 1940, 109). Diese – eher alarmierte als informierte – Obsession mit einer jederzeit und überall hervorbrechenden Gegengewalt mochte in Preußen tiefer sitzen und länger anhalten als anderswo, da sie aber ein Erbe des Ancien Regime war, sind ihr auch andere Regenten bereitwillig erlegen (Zamoyksi 2015).

Doch zwischenzeitlich hatte man auch dazugelernt: Obsessionen blockieren das Denken, und die Repression muss um ihrer Effektivität willen lernen können. Ballhorns oberster Chef, Berlins Polizeipräsident Karl Ludwig Friedrich von Hinckeldey, stand an der Spitze jener, die diese Einsichten berücksichtigen wollten. Besonders eine Erkenntis schien ihm beherzigenswert: nämlich die, dass Wohlfahrt Sicherheit nicht nur voraussetzt, sondern auch herstellt. Lernstoff fand Hinckeldey in seinem Alltag genügend vor: »Gerade darin«, notiert er, »liegt meine Hauptstärke gegen die Demokratie in Berlin. Ich habe sehr viel von diesen Demokraten gelernt. Bei vollster Strenge gegen die Person dieser Menschen muss dahin gestrebt werden, dass sie ihren Einfluss vollkommen dadurch verlieren, dass die Polizei« – im damaligen Sinne von Regierung – »bessere Dinge bringt« (Eibich 2004, 21). Diese mochten zwar, »vor dem Richterstuhl der Vernunft und Wissenschaft« verhandelt, keinen Bestand haben, doch ihren eigentlichen Zweck, »die Ruhe des Landes« herzustellen, könnten sie dennoch erreichen (Eibich 2004, 265).

Opportunismus lohnt sich, selbst dann, wenn nichts weiter als Symbolik herauskommt. Hinckeldey ist ›Politiker‹ genug, um auch diesen Effekt zu kennen: Es gibt Engpässe oder Krisen, »die außerhalb der Grenzen der menschlichen Macht« – und selbst des preußischen Staates – liegen. Doch »der gemeine Mann« werde »diese Not bereitwilliger ertragen, wenn er bei seiner Behörde das Bestreben erkennt, ihm zu helfen« (Eibich 2004, 266). Auf den guten Eindruck kommt es an – die Leute müssen das Gefühl haben, dass ihnen, wenn auch mit unzureichenden Mitteln, so doch nach besten Kräften geholfen wird. Freilich geht Sorge nicht restlos in Symbolik auf, hungernde Bürger sind, selbst wenn sie ihr Schicksal einstweilen geduldig ertragen, kein gesundes Fundament, Und darauf verlassen, dass bürokratisches Mitleid den Leuten reicht, sollte man sich besser nicht. Die verbliebene Lücke abzudichten war Sache der »schärfsten Verfolgung« nach Hinckeldeys Geschmack. Darin steckt keine preußische Extraschärfe, diese Option behielten sich Regierende und ihre Ratgeber überall vor, wo sie mit der »Massen-Armut« konfrontiert wurden.

Allerdings gab es Spielräume. Sie hingen nicht zuletzt davon ab, ob man den Staat *um seiner selbst willen* hüten oder ihn fürs *Wohl des Bürgers* in Dienst nehmen wollte – eine Alternative nur der Akzente, weil kein Praktiker daran dachte, beide Seiten rigoros gegeneinander auszuspielen. Sogar wer, wie Ballhorn, in jedem Einwohner den Staatsfeind vermutet, vermutet ihn eben nur und rechnet, falls ihn keine Furien jagen, nicht ernsthaft damit, dass seine schlimmsten Befürchtungen wahr werden. Im Normalfall wird sich Verdacht (gegenüber Massen) mit Versorgung (von Menschen) paaren. Ganz ähnlich hatte es bereits der Leipziger Historiker Pölitz gesehen – auch in seiner Welt entsteht Staatsfeindschaft erst dadurch, dass sich der schützenswerte Bürger pflichtwidrig zusammen mit anderen eigene Gedanken macht: »Die große sittlich-unmündige Masse soll aller Rechte, aller Wohlfahrt und der gesamten Blüte der bürgerlichen Gesellschaft sich erfreuen, nie aber die Rolle wechseln und sich selbst anmaßen, jene Rechte und diese Wohlfahrt zu bestimmen und zu leiten.« (Pölitz 1823, 500 f.) Wird die Schwelle zum Eigensinn massenhaft überschritten, verwandeln sich Straßenschluchten in Schlachtfelder. Jedenfalls tut jede Regierung gut daran, diesen Ernstfall mit einzuplanen und das dafür zuständige Personal danach auszuwählen, soll heißen: den Polizeiapparat mit »bereits ausgedienten und als rechtlich erprobten Soldaten« zu bestücken, »weil diese nicht nur an die kriegerische Ordnung und den strengen Gehorsam gewöhnt, sondern auch mit eintretenden Gefahren vertraut sind« (Pölitz 1823, 501). Dabei kann es leicht passieren, dass die sozialen Notlagen immer stärker verblassen und das Interesse des Staates an sich selbst zunehmend ins Zentrum rückt. Wie beim Erlanger Staatswissenschaftler Johann Paul Harl, einem Günstling des Grafen von Montgelas: »Einer der ersten und wichtigsten Gegenstände der Polizei und in der Tat der eigentliche Anfangspunkt des Lebens und Handelns der Polizei«, dekretiert dieser ›Falke‹, »ist die Polizeiaufsicht, zu Folge welcher die Augen der Polizei stets offen sein und auf alles gerichtet werden sollen, was die Sicherheit des Ganzen und der Einzelnen im Innern des Staates betrifft. Die Polizeiaufsicht besteht daher in der Aufmerksamkeit und Wachsamkeit der Polizei *auf alle Personen, Handlungen und Orte* im ganzen Staat« – weshalb sich diese Abhandlung auch richtigerweise als »Kriegs-Polizei-Wissenschaft« versteht (Harl 1812, 333 f.).

Die Weichen anders gestellt hat Robert von Mohl, der liberale ›Polizeiwissenschaftler‹. Auch er gibt dem Staat, was des Staates ist: Dieser habe, wie jede physische oder moralische Person, »das Recht und die Pflicht der Selbsterhaltung«. Daher sollten seine Feinde, gleichgültig wo sie standen, fühlen müssen, wenn sie nicht hören wollten: »Je gewaltsamer und frecher« einer auftritt, »desto bestimmter muss ihm entgegengewirkt werden« (Mohl 1834, 132, 36). Doch was dann folgt, weicht ab vom üblichen Kriegsgeschrei und lässt sich so zuspitzen: Die Staatsräson dient dem Gemeinwohl, nicht umgekehrt, ist also kein absoluter Schutzzweck- und ›Schussgrund‹. Für Mohl ist, anders gesagt, der Staat (nur) ein – obgleich unersetzliches – *Instrument*: »Die Aufrechterhaltung des Staates und seiner verfassungsmäßigen Befugnisse ist die Grundbedingung des Schutzes aller Rechte im Staat; denn wenn die gesetzliche Gewalt desselben gelähmt oder in wesentlichen Punkten verletzt und beschränkt ist«, droht Anarchie, und sie führt zur »Verletzung der Rechte Aller und jedes Einzelnen«. Ein Staat Aller und für jeden Einzelnen – die Obrigkeit ist aus ihrem angestammten Platz, der (womöglich himmlisch verklärten) Spitze, verbannt und wird nur noch als nützliche »Anstalt« mit einer »vorzüglichsten« Aufgabe geführt: dem Rechtsschutz. Was dazu führt, dass man Urteile darüber, was erlaubt, geboten oder verboten sein soll, nicht mehr schnurstracks deduzieren kann, sondern sorgfältig ausbalancieren muss: Es gilt die »richtige Mitte« zu finden »zwischen den jeder Art von Gesellschaft mit allzu ängstlichen Blicken bewachenden und sie selbst hemmenden Einrichtungen, und einer allzu laxen Unbekümmerheit« (Mohl 1834, 125, 127, 133).

Balance – das meint für Mohl auch und vor allem, dass es nicht angeht, den »gemeinen Mann« prinzipiell aus dem *politischen* Raum zu vertreiben, selbst dann nicht, wenn er mit anderen zusammen im Kollektiv agiert. Gewiss sei, »dass an und für sich eine gemeinschaftliche freiwillige Beschäftigung mit Staatsangelegenheiten dem Bürger eines Rechtsstaates gestattet sein muss« (Mohl 1834, 137). Die Differenz zwischen Politik und Staat kann im äußersten Falle sogar so weit gehen, dass sich jene gegen diesen richten *darf*, sind doch Situationen vorstellbar, »in welchen ein gewaltsamer Widerstand gegen Staatsmaßregeln erlaubt und selbst rechtlich und sittlich geboten ist« – dann nämlich, wenn Regierende ihren Auftrag verletzen, also schützenswerte »Rechte Einzelner oder Aller beharrlich mit Füßen treten« (Mohl 1834, 126).

Die Unterschiede zwischen beiden Lagern – eines reaktionär, das andere republikanisch – könnten kaum klarer zu Tage treten, auch wenn sie eher akademischer Natur gewesen sind. Im Ganzen war dieses neunzehnte das »Pionierjahrhundert der Polizei« (Jürgen Osterhammel) – Frankreich ist vorneweg marschiert, mit Preußen-Deutschland im Schlepptau und England auf einem ›Sonderweg‹, teils traditionsbedingt (schwache Zentralgewalt), teils günstiger Umstände wegen (starke Wirtschaft). Die Polizei als Pionier – das hieß auch: Wenn es tatsächlich einmal gebrannt hat (Berlin 1848, Paris 1848, 1871), mussten und konnten sich Regierungen aufs Militär verlassen (Funk 1984, Knöbl 1998, Münchhausen 2015).

6 Der geschäftige Staat

Im 19. Jahrhundert war die »Polizei« praktisch für alles zuständig und ein »Polizeipräsident« wie Hinckeldey so etwas wie der Staat vor Ort. Diese Kompetenzbündelung ist historisch kontingent – es gab Alternativen, vielleicht auch Vorbilder. Lange Zeit schien die Regierungsarchitektur ein ›weites Feld‹ zu sein, weil man dachte, einfach die Natur nachbilden, genauer: den menschlichen Körper kopieren zu können und damit jede Unsicherheit beseitigt zu haben. Vinzenz von Beauvais, ein französischer Dominikaner, hat hier insoweit Maßstäbe gesetzt, als es ihm tatsächlich gelingt, die natürliche Vorgabe fast restlos zu verwerten: »Es ist nämlich der Staat«, schreibt er 1205, »in gewisser Weise ein Körper, der durch die Wohltat göttlichen Geschenkes beseelt, durch das letzte Veranlassen der Weltordnung in Bewegung gehalten und durch eine bestimmte Leitung durch die (Welt-)Vernunft gelenkt wird. Das aber, was die Religion angeht, nimmt die Stelle der Seele in ihm ein. Der Kaiser ist Haupt dieses Körpers, allein Gott unterworfen und denen, die die Stellvertretung Gottes auf Erden führen. Die Stelle des Herzens nimmt der Senat ein bzw. die Ratgeber des Kaisers. Die Dienstleistungen der Augen, der Zungen und der Ohren nehmen die Aufseher des Staates sowie die Verwalter und Statthalter der Provinzen wahr, ferner die Regenten der Stadtgemeinwesen. Die Inhaber der Verwaltungsressorts und der Bürokratie sind den Händen zugeordnet; die dem Kaiser stets Assistierenden werden zu den Seitenrippen in Bezug gesetzt; die Oberaufseher über das kaiserliche Privatvermögen tragen das Bild des Bauches«, die »Füße aber sind die Bauern« (zit. in: Anton 2006, 456 f.).

Hinter der altertümlichen Metapher – Gesellschaft als Organismus – versteckt sich schon eine ganz moderne Perspektive: Die Sorge gilt dem prekären Ganzen, dessen Teile durch spezifische Funktionen, nicht individuelle Rechte charakterisiert sind, und das, um intakt zu bleiben, unablässig regiert werden muss. Es wird gedacht, beraten, verwaltet, beobachtet, belauscht, beaufsichtigt, verkündet, eingegriffen, gestützt, bilanziert. Der Staatsapparat beschäftigt *sich* – »die Arbeit tun die anderen« (Helmut Schelsky), das Fuß- resp. Bauernvolk. Mit der Natürlichkeit dieser Ordnung und auch mit ihr selbst geht es allerdings in dem Maße bergab, wie aus dem (agrarisch ausgerichteten) »Land« die (industriell durchgebildete) »Gesellschaft« wird, deren Komplexität sich dem Körper vollkommen entzieht: Seelen mögen dann hinderlich werden, Kaiser ihre Kompetenz einbüßen, »Hände« bräuchten tausend Finger, und wer eine (National-) Bank mit dem »Bauch« gleichsetzt, liefert keine hilfreiche Assoziation mehr.

Die Frage, wer ›den Laden zusammenhalten sollte‹, konnte so oder so beantwortet werden. In England schien zunächst das Parlament der geeignete Ort zu sein, da, wo »the wise« versammelt sind. Falls es mit rechten Dingen zuging, was aber offenkundig nicht der Fall war. In Preußens leistungsstarker Bürokratie sahen daher manche die bessere Alternative. Deren Vordenker stritten allerdings darüber, worin denn diese Leistung bestehen würde: Waren es (politisch) nützliche Vorhaben oder (juristisch) korrekte Verfahren? Von jenen gibt es unübersichtlich viele, während diese lediglich registrieren, was andere – »gesellschaftliche Kräfte« – regulieren. Und über allem schwebten weiterhin Könige (und Königinnen) mit oder ohne Einfluss.

6.1 Gemeine Vertreter

Wer immer das Regierungsgeschäft beim Parlament ansiedeln wollte – alle waren sie sich darin einig, dass diese Lösung nur funktioniert, wenn Kreti nicht von Pleti repräsentiert wird. Auf dem Weg vom Volk zu seiner Vertretung muss eine »pneumatische« Verwandlung stattfinden. Diesen Prozess hat wohl keiner so streng kodifiziert wie jener Sylvester Jordan, der Geist (passives Wahlrecht) und Geld (aktives Wahlrecht) förmlich (im Wahlgesetz) voneinander getrennt wissen wollte. Edmund Burke war im Prinzip gleicher Meinung, wäre aber nie auf die Idee verfallen, den Veredelungsprozess durch Paragraphen regulieren zu lassen. Sich vom ›Geschäft‹ fernzuhalten muss dem ›Geist‹ schon aus eigener Kraft gelingen.

Wie kann man repräsentieren, ohne Geist vom Geist seiner Vertretenen zu sein, wie, moderner gesprochen, der »Agent« eines »Prinzipals«, ohne

Verständnis dafür, worum es diesem geht? Burke kennt die Spannung und zementiert sie sogar: Zwar sei, verkündet er dem vermutlich konsternierten Publikum, »eine möglichst offene Kommunikation mit seiner Basis« für jeden Abgeordneten unumgänglich, doch »dürfe er seine unvoreingenommene Meinung, sein reifes Urteil und aufgeklärtes Gewissen auf keinen Fall opfern«. Diese Qualitäten würden sich weder nach der Zufriedenheit seiner Wähler bestimmen, noch seien sie von Gesetz oder Verfassung abgeleitet. Sondern: »Sie sind ihm von der Vorsehung anvertraut worden und dürfen von ihm nicht mißbraucht werden.« Dafür sei »er zutiefst verantwortlich«. Daher soll sich sein Publikum Folgendes hinter die Ohren schreiben: »Euer Abgeordneter schuldet Euch nicht nur seinen unermüdlichen Einsatz, sondern auch sein besonnenes Urteil. Opfert er es Euerm Beifall, verrät er Euch, anstatt Euch zu dienen.« (Burke 1853, 129 f.)

Ein Parlament ist das Reservat der Vernunft, die Arena der Volks-, nicht Handelsvertreter und auf keinen Fall eine Versammlung geifernder »ambassadors from different and hostile interests«, wie es die damals in Mode kommende Meinung haben wollte. Dem höchsten Wesen – namens *Providence* – verpflichtet, müssen sich Volksvertreter von niederen Beweggründen und falschen Rücksichten frei halten, also immer wieder Entscheidungen gegen den eigenen Anhang treffen: schwer nachvollziehbar für Kleingeister, deren politischer Horizont von »local purposes« und »local prejudices« verstellt wird (Burke 1853, 130). Wie schwer, hat Burke am eigenen Leib erfahren. Bei erstbester Gelegenheit ist er sein Unterhaus-Mandat wieder losgeworden, doch nicht ohne den Leuten die Leviten gelesen zu haben: »Ich bete darum, dass wen auch immer Ihr zu meinem Nachfolger wählt, er in allem mein Ebenbild sein möge.« (Burke 1853, 170) Die Plebs zu regieren ist ein schwieriges Unterfangen – wer dabei der Vorsehung und seiner Verantwortung gerecht werden will, muss mit Verleumdung rechnen und Verzweiflung einkalkulieren.

Im Unterhaus kommt der Abgeordenete Burke auf den Kern des Übels zu sprechen: »Im Sinne des Volkes zu regieren und seine Interessen zu verfolgen, ist ein großes und glorreiches Ziel der Politik«, das – darin liegt der Haken – einerseits »allgemeine Wahlen« voraussetzt und damit andererseits »ein gewaltiges Übel« fördert (Burke 1853, 392). Man kennt diese Mischung von Demokratiebekenntnis und Volksbeschimpfung schon von Henry Parker, der den Wähler für abgrundtief verdorben – »perfidious« und »pernitious« – erklärt hat (Parker 1642, 12). Was sich verändert, ist die Quelle des Bösen. Bei Parker verführen und verderben Scharlatane naive Gemüter, die ihrer Natur nach durchaus pflegeleicht sind. Burke hingegen kennt seine Pappenheimer ganz anders. Er glaubt nicht an Verführung und hält die Verderbnis für ›hausgemacht‹, das Resultat der unumschränkten Herrschaft bornierter Interessen. Beide Ansichten laufen aber indessen auf dasselbe Ideal hinaus: Regieren fürs Volk, aber ohne Bevölkerung.

Daher ist Burke nur konsequent (und konsequenter als Parker), wenn er an eine »proportionale« Abbildung des Volks- im Vertretungskörper nicht einmal denkt. Die Proportionen der Borniertheit ändern an ihrer Defizienz nichts (so wenig wie ›schöne‹ Proportionen vor Hässlichkeit schützen; Burke 1764, 191). Weshalb es seiner Meinung nach an den absurd ungleichen Repräsentationsverhältnissen seiner Zeit überhaupt nichts zu bekritteln gibt: Exzellenz, »natural aristocracy«, zählt, egal wie sie ins Parlament hineinkommt. Oder noch deutlicher: Der überall vorfindlichen, ja vorherrschenden ›Gemeinheit‹ wegen bringt gerade jener Repräsentant, hinter dem kein ›Volk‹ steht, die allerbesten Voraussetzungen mit, um seine Sache, d.h. die des Vaterlands, gut zu machen. Burke, der Modellparlamentarier, saß, von seinem Techtelmechtel mit dem Wahlvolk Bristols einmal abgesehen, als persönlicher Abgeordneter von Lord Fermanagh (1765–1774) und später des Marquess of Rockingham (1780–1794) im Parlament.

Wahlen sind nicht das einzige Übel. Der Vernunft, um die Burke sich sorgt, droht auch da Gefahr, wo eigentlich ihr Bollwerk sein sollte: im Parlament selbst. Denn dort schwingen immer mehr ›Berufspolitiker‹ das Szepter, Profis und Profiteure des Repräsentationsgeschäfts. Von der »Vorsehung« halten sie nichts, ihr Interesse beschränkt sich auf den Stimmengewinn, und dafür verwirtschaften sie skrupellos die politische Vernunft, »the general good resulting from the general reason of the whole«. Burke ist ganz baff: »Dass diese Leute nur wenig Zeit haben, Profit aus ihrem korrupten Verhalten zu schlagen, bewegt sie keineswegs dazu, sich zu bescheiden. Im Gegenteil, sie werden unendlich gefräßig, reißen sich um die Beute und verlieren jeden Anstand.« (Burke 1853, 400) Wer, gleich ihm, Augen hat zu sehen, wird Zeuge des beginnenden Aufstiegs einer politischen Klasse, deren ehrenwerte Mitglieder weder Dezenz noch Dekorum mehr kennen, vom ›Diskurs‹ einmal ganz zu schweigen. Freilich eilt diese Diagnose ihrer Zeit etwas voraus – Burke hat den Braten dort gerochen, wo der Geruch am lästigsten war. Erst William Gladstone trifft, hundert Jahre später, auf ein durchdeformiertes Parlament voller politischer Kretins.

Den modernen (Un-)Geist praktizieren besonders schamlos die raffgierigen Industriekapitäne, »Eisenbahn-Direktoren sowie die Manager und Bosse anderer Großunternehmen. Dass sie überhaupt im Parlament auftauchen, ist ein ganz neues Phänomen.« Es sei gerade mal ein paar Jahre her, dass diese Menschen von nahezu allen parlamentarischen Lagern mit Verachtung gestraft und Antipathie bedacht wurden. Was ihre Motivation, das Volk ihres Geschmacks zu vertreten, angeht, bestätigen diese Herrschaften Edmund Burkes Verfallsdiagnose voll und ganz: »Wer von ihnen einen Parlamentssitz errungen hat, verfolgt persönliche, keine politischen Ziele. Die Probleme, an denen sich ihr parlamentarischer Eifer entzündet, sind lokaler, nicht öffentlicher Natur; mit ihrem Unternehmen verbindet sie mehr als mit der Partei, der sie angehören, und ihre Hintermänner erwarten von ihnen, dass sie kommerzielle Interessen wichtiger nehmen als das Wohl ihrer Wähler.« (Gladstone 1869, 276 f.)

Kaum besser schneidet ein anderes Segment ab, auch dieses bis dato ungesehen: Neureiche, »die es, weil sie als Spekulanten erfolgreich oder geschäftlich besonders clever waren, auf einen Schlag zu Reichtum gebracht haben und nun im Parlament etwas erreichen wollen, das Geld allein nicht kaufen kann. Ihr Mandat verschafft ihnen Status; dazuhin das Vergnügen, scheinbar auf Augenhöhe mit Leuten zu verkehren, welche ihnen an Rang, Umgangsformen und Erziehung überlegen sind; und schließlich den (zumindest beschränkten) Zutritt zu Kreisen, die ihnen normalerweise verschlossen blieben. Dieser Status schmeichelt der Eitelkeit vieler.« (Gladstone 1869, 277)

Von den parlamentarischen Emporkömmlingen setzt sich der alte, landbesitzende Adel – auf absteigendem Ast, aber immer noch das größte Lager im Parlament – vor allem durch seine Arroganz ab. Diese Gentlemen denken, ein natürliches Recht auf Repräsentanz zu haben, und glauben im Übrigen, ihre Statur wirke dermaßen überzeugend, dass sie es sich sparen könnten, in die demokratischen Niederungen – ordinäre Wahlkämpfe samt allem Drum und Dran – hinabzusteigen. Zwar hätte diese Gruppe das Potenzial, ein heilsames Gegengewicht zur geistlosen Betriebsamkeit der politischen Maschinerie neuer Art zu bilden (»to leave the mass with a due infusion of the genuine cold genial Conservatism of England«), doch leider fehlt ihren Angehörigen das dafür erforderliche Format. Am Ende sind sie auch nichts anderes als Interessen- oder, in ihrem Fall, Standesvertreter (Gladstone 1869, 275).

Ob neues Geld oder alte Garde – noch bevor der gewöhnliche Mann politisch zum Zuge gekommen ist, hatte sich bereits die Gewöhnlichkeit ausgebreitet und ganz weit oben festgesetzt. Wer – wie Gladstone oder Burke oder Sylvester Jordan – davon überzeugt war, dass die Demokratie *dieses* Volk nicht ans Ruder bringen dürfe, wurde von der Geschichte überholt. Immerhin, während die ganze Welt an sich dachte, gab es noch einen, den »allgemeinen Stand«, der Sinn für Wichtigeres hatte und sich vorstellen konnte, statt des Vorteils die »Vorsehung« als Richtschnur seines Handelns zu nehmen: das *Beamtentum*. Vorbildlich agiert es nicht deshalb, weil normale Beamte bessere Menschen wären, sondern weil ihre Arbeit so organisiert ist und vor allem bezahlt wird, dass »das Privatinteresse in seiner Arbeit für das Allgemeine seine Befriedigung findet« (Hegel 1986, 357).

6.2 Amt ohne Verstand

Die neuen und alten Reichen bemächtigen sich des Parlaments, um sich mit Hilfe passender Gesetze noch weiter zu bereichern. Laster kleiner Leute stoppt man am Hintereingang des Hohen Hauses, derweil – in England wie anderswo – das große Geld auf roten Teppichen durchs Hauptportal defiliert. Auch Lorenz von Stein, der die Monarchie durch soziale Reformen retten wollte, mochte diesen ›arrivierten‹ Anschlag auf den Staat nicht ausschließen: »Wenn die besitzende Klasse die Herrschaft über die Verwaltung im wesentlichen im Sinne des Besitzes ausübt, so wird sie die nichtbesitzende Klasse *zu ihrem natürlichen und unversöhnlichen Feinde* haben« – »dann wird die Ordnung der Dinge in der Gewalt untergehen.« (v. Stein 1850, 218) Schon um des lieben Friedens willen war also dafür zu sorgen, dass die Staatsbürokratie ein Hort der Allgemeinheit bilden und das Interessentenheer daran gehindert würde, auch diese letzte Bastion zu überrennen.

Allerdings hat England vorgeführt, dass ein »allgemeiner Stand« keine notwendige Bedingung ist, um gegen den Untergang »in der Gewalt« gefeit zu sein. Sein Staatsapparat befand sich in desolatem Zustand; jeder, der die Möglichkeit hatte, Besseres kennenzulernen, konnte die Misere sehen und auch einschätzen, dass sie, wenn schon nicht »unversöhnliche Feinde«, so doch unnötige Kosten produzieren würde. Zum Kreis derer, die diese Lektion sehr schnell gelernt haben, gehörte Thomas

Macaulay, später Englands prominentester Historiker. Durch koloniale Erfahrungen klüger geworden, hat er seine Vorstellungen davon, wie eine Verwaltung zu den richtigen Leuten kommt, früher als andere zu Papier gebracht. Rückblickend betrachtet sind es ausnahmslos Selbstverständlichkeiten: »Der Vorschlag lautet, dass für jede frei werdende Stelle im Öffentlichen Dienst vier Kandidaten nominiert und examiniert werden, von denen der beste dann die Stelle erhält. Man kann davon ausgehen, dass dieses System junge Männer von überdurchschnittlicher Qualifikation hervorbringen wird, solche, die sich durch Begabung oder Fleiß von der Masse abheben. Dagegen wendet man immer wieder ein, Prüfungen in Latein, Griechisch oder Mathematik würden nichts darüber aussagen, wie sich jemand im wirklichen Leben bewährt. Mir ist bewusst, dass diese Prüfungen kein Allheilmittel sind, und dennoch bin ich von ihrem Wert fest überzeugt. Man nehme sich einmal jede Karriere vor, führe sie nun ins Unter- oder Oberhaus, in den Rechtsanwalts- oder Richterberuf oder auch in ein Kirchenamt, und prüfe, ob es nicht zutrifft, dass, wer im Leben seinen Mann steht, sich auch im Studium ausgezeichnet hat.« (Macaulay 1866, 72) Richtungsweisend daran war dies: Die Verwaltung darf nicht nur da sein, sondern muss *leisten*. Allerdings legt Macaulay einen ›reaktionären‹ Maßstab an, der das aristokratische Bildungsideal Edmund Burkes vom Parlament ins Büro transferiert. Herausgekommen wären dabei Gentleman-Bürokraten, keine Fachbeamten – wie man sie gebraucht hätte, um den politischen Krämergeist durch gediegenen Sachverstand an die Leine nehmen zu können.

Dazu bedurfte es, festgehalten im *Report on the Organisation of the Permanent Civil Service*, einer Beamtenexistenz, die als beruflicher Lebenslauf (»line of life«) konzipiert ist, ausgerichtet an den heutzutage »hergebrachten« Grundsätzen: des Zugangs (Fachexamen), Unterhalts (Alimentation), Aufstiegs (Dienstalter), Verhaltens (Disziplin) und Abgangs (Pension). Auf diese Weise schnürt man ein Korsett, dessen Stäbe dafür sorgen, dass Staatsdiener nicht ihr vages Gewissen und die antike Gedankenwelt konsultieren müssen, um sich im Amt zu orientieren. Solange das Personal diesen Halt aber entbehren muss, sind seine Usancen alles andere als standesgemäß: »Bei einem Großteil der jungen Männer, die in den öffentlichen Dienst aufgenommen werden, handelt es sich um Leute, deren Fortkommen dem Amtsvorstand oder einem wichtigen Beamten am Herzen liegt, sei es, weil persönliche Bindungen existieren, sei es aufgrund der privaten oder öffentlichen Stellung« dieser Kandidaten (Northcote/Trevelyan 1854, 10). Was umgekehrt bedeutet, dass die Protégés ihren Gönnern zu Diensten stehen müssen, ansonsten werden sie sehr schnell eines Besseren belehrt: »Wer ein Verhalten an den Tag legt, das seinem unmittelbaren Vorgesetzten nicht passt, muss damit rechnen, dass er sein ganzes Berufsleben lang zur Obskurität verdammt ist.« (Northcote/Trevelyan 1854, 19) An höherer Stelle hatte man bis dato wenig Interesse gezeigt, das Ärgernis abzustellen. Schließlich waren die oberen Chargen in aller Regel auf vergleichbare Weise sozialisiert worden und deshalb selbst nicht auf dem Laufenden: »Gewöhnlich sind sie mit 18 oder 19 direkt von der Schule in den öffentlichen Dienst gewechselt, auf dem Wissensstand und mit der geistigen Reife eines Fünftklässlers, der in Eton, Winchester oder Rugby erzogen worden ist. Danach hat sich nichts mehr getan«, berichtet ein verdienter Karrierebeamter nach 35 Jahren dienstlicher Erfahrung (McGregor 1951, 158 f.).

Die Reformkommission wurde der Lage – und ihrem Namen – zumindest insoweit gerecht, als sie den einzig möglichen Schluss aus dieser Misere gezogen hat: Um dem Leistungsgedanken breitenwirksam Geltung zu verschaffen, müssen sämtliche Prüfungen (Ein-/Aufstieg) objektiviert, ggf. auch zentralisiert werden. Einerseits waren Kriterien festzulegen, andererseits musste gewährleistet sein, dass sie flächendeckend zum Zuge kommen. Beide Fliegen ließen sich nach Meinung der Kommission mit einer Klappe schlagen. Nötig sei dazu, »dass eine zentrale Kommission gegründet wird, vor der jeder Kandidat eine Prüfung ablegt, der dafür qualifziert erscheint. Diese Kommission sollte mit unabhängigen Persönlichkeiten besetzt sein, die das Vertrauen der Allgemeinheit genießen.« (Northcote/Trevelyan 1854, 11) Sämtliche Tests müssten obligatorisch sein, niemand dürfe mehr durch die Hintertür hereingelassen werden: »Zu den Prüfungen, die wir vorgeschlagen haben«, hält der Kommissionsbericht unmissverständlich fest, »sollten alle Personen eines gegebenen Alters zugelassen werden«, sofern nur Leumund und Gesundheit nachprüfbar in Ordnung sind. Denn: »Nur dann, wenn die Prüfungen vollständig offen sind, können wir darauf hoffen, qualifizierte Bewerber anzuziehen.« (Northcote/Trevelyan 1854, 13) Andernfalls bleibt der Staat auf denen sitzen, die sonst niemand will: »Leute von beschränktem Verstand und womöglich mit fragwürdigem Charakter.«

Zusammengefasst: Das englische Beispiel stand damals für eine Verwaltung ohne Verständnis für sich selbst. Vor diesem Hintergrund und unter dem Eindruck des geschichtlichen Augenblicks (Königgrätz, 1866) meinte damals manch einer, auf die preußische Karte setzen zu sollen: »Gerade jetzt«, notiert Walter Bagehot 1867, »hat der Triumph der Preußen – des bürokratischen Volkes *par excellence*, wie man glaubt – einen Bürokratie-Kult ausgelöst, den man vor ein paar Jahren noch für unmöglich gehalten hätte.« (Bagehot 1963, 170)

6.3 Verwaltung im Recht

Bekanntlich ist Max Weber wenig später so weit gegangen, das (leicht geschönte) preußische Modell als entwicklungsgeschichtlichen Endzustand auszurufen: Dessen Kombination aus einprägsamen Hierarchien, festgezurrten Zuständigkeiten, amtsangemessenen Fachkompetenzen und genau dokumentierten Dienstpflichten sei »die rein *technisch* zum Höchstmaß der Leistung vervollkommenbare« und »formal rationalste Form der Herrschaftsausübung« (Weber 1972, 125 ff., 128). Damit verschieben sich zugleich die Schwergewichte: Mit dem Personal alleine ist es nicht getan, und seine adäquate Vorbildung ist nur ›die halbe Miete‹.

Es gibt aber noch eine Lücke: Was Weber stillschweigend voraussetzt, ist das Vorhandensein eines (externen) *Willens* zur Herrschaft. Dem Mittel, der Bürokratie, muss jemand Zwecke liefern, bevor es seine Exzellenz demonstrieren kann. Diese Zulieferung, darauf hat Hegel hingewiesen, versiegt indes, je mehr sich das Instrument perfektioniert. Durchaus planmäßig – oder wenigstens funktional – mutieren Souveräne zu Notaren: »Es ist bei einer vollendeten Organisation nur um die Spitze formellen Entscheidens zu tun, und man braucht zu einem Monarchen nur einen Menschen, der ›Ja‹ sagt und den Punkt auf das I setzt.« (Hegel 1986, 451) Statt eines souveränen Akts die notarielle Beglaubigung im Gewande einer willentlichen Entscheidung. Weshalb Hegels »vollendete« Bürokratie – im Unterschied zu Max Webers Vorstellung – *selbst* wissen muss, was sie will. Gelingt ihr dieser Sprung nicht, läuft die Maschine leer, und Perfektion schlägt in Perversion um. Franz Kafka hat, diesen Umschlag vor Augen, den bürokratischen Prozess als psychotische Krankheit persifliert: »Es ist, als hätte der behördliche Apparat die Spannung, die jahrlange Aufreizung durch die gleiche, vielleicht an sich geringfügige Angelegenheit nicht mehr ertragen und aus sich heraus, ohne Mithilfe der Beamten, die Entscheidung getroffen.« (Kafka 1996, 80)

Es sieht zwar nur danach aus, als ob Personal überflüssig wäre. Aber genau das macht den Fall so deprimierend, entlarvt sich der Staatsdiener doch als Aktenkrämer, dessen ganzer Ehrgeiz darauf gerichtet ist, Vorschriften ein- und Verfahren in Gang zu halten. Walter Bagehot höhnt gar, in ihrer preußischen Vollendung würde sich die Beamtenschaft dafür begeistern können: Diese Herren »halten schließlich die Berufsroutine nicht für ein Mittel, sondern das Ziel. Der verzweigte Apparat, dessen Teil sie sind und von dem sie Wert und Würde beziehen, erscheint ihnen nicht als ein flexibles Instrument, sondern als großartiges und abgeschlossenens Werk.« (Bagehot 1963, 17) Routine ist nur dann »großartig«, wenn die Formalität fasziniert (worauf schon Edmund Burke hingewiesen hat), und von Abschließung kann allein dort die Rede sein, wo sich diese Routine auf alle gesellschaftlichen Bereiche auswirkt: »Jedes denkbare oder wirkliche Anliegen der Politik – Religion, Erziehung, Recht, Polizei, öffentliche oder private Unternehmen gleich welcher Art, Freizügigkeit, Berufsfreiheit, kurz: jedwede Sphäre, in die eine bürgerliche Gesellschaft Körper, Geist und Kapital investieren kann, wurde okkupiert (um Beamte zu beschäftigen und zu versorgen), in ›Büros‹ zentralisiert, lizensiert, inspiziert, in ein Berichtswesen integriert und von einem Beamtenheer infiltriert.« (Bagehot 1963, 172 f.)

Formalismus und Expansionismus – beide Themen standen auch auf der Tagesordnung des »bürokratischen Volkes«. Allerdings wurden in seinen Reihen die Akzente anders gesetzt. Während aus englischer Warte zwei Schwächen sich auf unglückselige Weise wechselseitig verstärkt haben, wollte es dem preußischen Blick so scheinen, als ob hier zwei Stärken einander behindern: Wer für »mehr Staat« votiert, um eine schlingernde Gesellschaft auf Kurs zu halten, sieht seine Arbeit durch Formalisten gefährdet – deren umgekehrte Sorge dahin geht, dass der Staat die Façon verliert, wenn (wuchernde) Probleme statt (bindende) Paragraphen sein Handeln bestimmen. Zugleich verhaken sich hier zwei Disziplinen: Staats- (resp. Polizei-) und Rechtswissenschaft.

Die expansionistische Linie gibt Mohl vor (Angermann 1962) – obgleich er den Anschein erweckt, sie entspringe der reinen Sorge um das Wohlergehen des einzelnen Menschen: Es seien, so seine Prämisse, »die Fälle unzählige, in welchen eine vernunftgemäße Tätigkeit durch übermäßige äußere Hindernisse gehindert, und in welchen also die Hilfe des Staates verlangt wird« (v. Mohl 1844, 16 f.). »Unzählige Fälle« – das bringt den Staat mit der Gesellschaft tendenziell zur Deckung; »vernunftgemäße Tätigkeit« – daraus folgt, dass nicht jeder Einzelne darüber bestimmt, wann er Hilfe braucht, weil er aus seiner beschränkten Sicht und aufgrund seiner bornierten Interessen gar keine ›richtige‹ Entscheidung treffen kann. Man nehme nur den scheinbar höchst privaten Entschluss zu heiraten. Wer sich, bis dass der Tod ihn scheidet, bindet, übernimmt, wissentlich oder nicht, eine Verantwortung, die mehr Einsicht und Einkommen voraussetzen mag, als ihm zur Verfügung stehen; daraus fallen im Handumdrehen Kosten an, fürs Gemeinwesen nicht weniger als fürs betroffene Paar. Verwahrloste Kinder können ihre Eltern ins Unglück stürzen, aber sie fallen auch der Gemeinschaft zur Last: Besserungsanstalten (Arbeitshäuser, Gefängnisse) müssen dann gebaut werden, um Delinquenten nachzuzivilisieren. Doch auch die Entscheidung, keine Familie zu gründen, ist womöglich folgenreich. »Freiwillige Hagestolze« geraten ins staatliche Visier, sobald fehlende Kinder ein demographisches Problem darstellen: Eheliche Abstinenz ist dann objektiv »unsittlich«, da zu Zeiten ausgeübt, »in welchen eine Vermehrung der Bevölkerung dem Staate vorteilhaft wäre, und in solchem Falle ist ihre Bekämpfung Sache der Polizei« (resp. Politik). Welche dann, im Dienst der »Gesamt-Lebensansicht des Volkes«, nachhelfen muss. Selbst Mönche sind sich dann ihrer Kinderlosigkeit nicht mehr sicher (v. Mohl 1844, 105, 108). Weil in ausdifferenzierten, darum unübersichtlichen Gesellschaften diese Orientierungsschwäche zwangsläufig zunimmt, sind immer mehr Eingriffe zu erwarten, rein sachgesetzlich. Der Eindruck einer rasenden oder wenigstens »rastlosen« (Otto Mayer) Interventionswut findet hier seine Nahrung.

Der polizeiliche Blick dringt in die Tiefe und geht aufs Ganze – dem Auge Gottes gleich entgeht ihm buchstäblich nichts. Was immer im Lande passiert, angefangen bei kleinen Lastern (Prostitution) bis hin zu großen Leiden (Massenarmut): Alles und jedes wird inspiziert, notiert, traktiert, saniert. Daraus entsteht eine unendliche Liste zu »besorgender« Objekte, je nach Lage: Bevölkerungszahl, Erbkrankheiten, Quacksalberei, Badeanstalten, Inflation, Hungersnöte, weißer Eiterfluss, Mädchenschulen, Tierquälerei, Unzucht (»möglichste Verheimlichung ihres Vorhandenseins«), Religionslehrer, Kunstausstellungen, Hagelschlag, Viehsterben, Holzverschwendung, Nierensteine, Patente, Rohstoffe, Zölle, Börsen, Ehrbezeugungen, Zölibat usw. usf. Existiert ein Reservat, das dem Staat der »Daseinsvorsorge« ein für alle Mal versperrt bleibt? *Das* natürliche Limit gibt es nicht, und jedes willkürliche wird schnell überschritten: »Es sind hier«, räsoniert Hegel, »keine festen Bestimmungen zu geben und keine absoluten Grenzen zu ziehen. Alles ist hier persönlich; das subjektive Meinen tritt ein und der Geist der Verfassung, die Gefahr der Zeit haben die näheren Umstände mitzuteilen.« (Hegel 1986, 384)

Wer hören kann, was ihm »mitgeteilt« wird, weiß, was zu tun ist. Allein, ausgerechnet im Musterland der Bürokratie sieht sich Mohl von Bürokraten umstellt, die für das Notwendige kein Ohr haben (können): Anstatt »vollständig und bewusst gebildete Beamte zu gewinnen«, folgt man staatlicherseits dem sorglosen Grundsatz, dass kompetent ›verwaltet‹, wer sachverständig ›richtet‹, sprich: Jura studiert hat (v. Mohl 1962, 409). Englische Dilettanten und deutsche Assessoren gaben sich da wenig; lediglich die Form ihrer Dysfunktionalität unterschied sich – dort Schirm, Charme, Melone, hier Monokel, Pedanterie, Ärmelschoner. Kafka lässt grüßen: »Da mögen dann freilich Papierberge aufgetürmt werden mit scharfsinniger Anwendung gebietender und verbietender Gesetze und mit ausgiebiger Durchführung von Formeln.« (v. Mohl 1962, 432)

Doch bei Mohl blockiert sich der Leerlauf irgendwann selbst: »Alles Pandektenwissen der Welt wird das große Rätsel einer Versorgung und Beherrschung der Proletarier nicht lösen. Die juristisch untadelhafteste Handhabung aller Zunftgesetze wird keine die Zukunft sicherstellende Ordnung der Arbeit schaffen und nicht wissen, wo und wie ein Schutzzoll aufzulegen sein möchte.« Kurz gesagt: »In all diesen Fragen ist der Rechtspunkt nur Kleinkram im Vergleiche mit der sozialen und der staatlichen Bedeutung.« (v. Mohl 1962, 432) Aktionen, nicht Akten muss der Apparat ausbrüten.

Genau andersherum sahen es Mohls Kontrahenten, die puristischen Paragraphenritter. Paul Laband, ihr Anführer, hatte für den staatswissenschaftlichen Standpunkt nichts als Verachtung übrig. Man könne den einschlägigen Publikationen entnehmen, höhnt er, »dass zur Förderung der Viehzucht die Sorge für Zuchtvieh, dass insbesondere für die Pferdezucht die Einrichtung von Gestüten gehöre; dass man der Feuergefahr mit Spritzen, dagegen der Wassergefahr mit Deichen begegnet; dass zur Förderung des Verkehrs Straßen, Kanäle, Eisenbahnen, zur Hebung des Handels und des Geldumlaufs Börsen und Banken für nützlich gehalten werden« (Laband 1887, 150) – was alles seine Richtigkeit habe, doch keine Angelegenheit sei, die sich in Paragraphen fixieren lasse. Daher müssten Stoff und Form staatlicher Politik säuberlich auseinandergehalten werden. Der Staat definiere sich nicht dadurch, *was* er macht, sondern *wie* es geschieht: nach Maßgabe allgemeiner Gesetze, unter Einhaltung vorgeschriebener Verfahren, nach festgelegten Grundsätzen, ggf. kontrolliert von speziellen Gerichten.

Reinigung des Rechts durch Rückzug aus der »Regierung« – diese konsequente Selbstbezüglichkeit (ein Schutzwall, an dem bis heute gebaut wird; Loughlin 2009) liefert das Gegenprogramm zur Staatswissenschaft mit ihrem Primat des Problems. Das traurige Resultat: ein doppelter Verstand (Rechts- vs. Fachausbildung), separate Ämter (Rechts- vs. Fachabteilung) und konkurrierende Ansprüche dort, wo beide Logiken aufeinanderprallen, also praktisch jederzeit und überall. Wer, notiert Mohl, »recht eigentlich verachtende Klagen« über den juristisch inspirierten Bürokratismus hören möchte, wende sich »an die im öffentlichen Dienste stehenden oder mit öffentlichen Aufgaben betreuten Techniker, also an Baumeister, an Ingenieure bei Eisenbahnen und Kanälen, an die Verwalter von Domanialbergwerken, Hüttenwerken u. dgl., diese wissen, fast ohne Ausnahme, kein Ende zu finden in ihren Beschwerden über den Mangel an wahrer Einsicht, über die Erdrückung durch nutzlose Schreiberei und störende sowohl als nichtssagende Kontrolle, über die Befehle zu unzeitigen und unwirtschaftlichen Ersparnissen, über verletzende Formen im amtlichen Verkehre.« (v. Mohl 1846, 336)

Das Recht geht unbeirrt seinen Gang – ihm ist alles recht, sofern es nur nach den geltenden Regeln geschieht, und nichts, was sie überschreitet – auch wenn noch so gute (ökonomische, politische) Gründe dafür sprechen mögen. Otto Mayer, der eigentliche »Vater des deutschen Verwaltungsrechts«, hat die souveräne Blindheit ›seiner‹ Paragraphen auf den beruhigenden Nenner gebracht: »Verfassungsrecht vergeht, Verwaltungsrecht besteht.« (Mayer 1924, Vorwort) Der Satz kehrt sich aber auch gegen sich selbst: Die großen Entwicklungen gehen am Recht vorbei, das juristische Geschäft verkommt zum faden Glasperlenspiel, dessen einziger Zweck (oder wenigstens Effekt) die »Verhüllung der Wirklichkeit« ist (Mayer 1897, 494). Der Staat findet sein Orientierungswissen anderswo. Allerdings auch nicht bei seiner eigenen Wissenschaft: Mohls Rat, Regierende sollten auf alles gefasst und jederzeit handlungsfähig sein, lässt seine Adressaten ratlos zurück. So oder so wird Regieren zur Mühsal.

6.4 Geist im Getriebe?

Einerseits gab es viel zu tun, um die Gesellschaft am Laufen und bei Laune zu halten. Mohl kann sich seitenlang Staatsaufgaben ausdenken und ist dann seiner Sache immer noch nicht sicher – speziell die »Massenarmut« (Proletariat) bereitet ihm unablässige Kopfschmerzen. Andererseits war natürlich auch daran etwas Wahres: Eine Regierung, deren Ehrgeiz alleine im fehlenden Geld seine Grenzen findet, verzettelt sich zwangsläufig, weil sie es an allen Ecken und Enden ›richten‹ will. Schließlich, so wird Carl Schmitt diese Situation später charakterisieren, ist der Staat »total aus Schwäche und Widerstandslosigkeit, aus der Unfähigkeit heraus, dem Ansturm der Parteien und organisierten Interessen standzuhalten«. Ein derart belagerter Staat »muss jedem nachgeben, jeden zufriedenstellen, jeden subventionieren und den widersprechendsten Interessen gleichzeitig zu Gefallen sein« (Schmitt 1958, 63).

Wirklich »jeder« konnte den Staat für sich einspannen? Tatsächlich war es nur einer exklusiven Clique hoch organisierter Interessenverbände (Centralverband Deutscher Industrieller, Bund der Landwirte o.Ä.) vergönnt, dafür sorgen zu können, dass selbst einander widersprechende Anliegen bedient wurden. Ihnen stand der Regierungsapparat tatsächlich ziemlich wehrlos gegenüber: »Die Behauptung, dass vornehmlich der deutsche Obrigkeitsstaat den Egoismus der Verbände steuern und hoch über ihnen das Allgemeinwohl verwirklichen konnte, enthüllt sich bei näherem Hinsehen als das genaue Gegenteil der Wahrheit. Gerade im autoritären Kaiserstaat wucherten die Verbände in die Hohlräume des Verfassungsgefüges hinein.« Da die »Willensbildung durch den Reichstag und die Parteien – und damit auch eine gewisse Mediatisierung der Interessenorganisation – wegen der deutschen Verfassungsstruktur nicht zustande kommen konnte, setzte sich in Zusammenarbeit mit Bürokratie und Staatsleitung der Interessendruck umso gradliniger durch.« (Wehler 1994, 94) Das, was (Gladstone zufolge) dem englischen Parlament passiert ist, hat die deutsche Bürokratie getroffen – beide sind von Interessen kolonialisiert worden, mal mehr, mal weniger.

Alles in allem: Ob strikt abstinent oder hart arbeitend, der Staat kann seine Räson nicht durchsetzen, ja er findet gar keine – immer vorausgesetzt, Regieren will mehr sein als Lavieren (eine Selbstbescheidung späterer Tage; Luhmann 2008). Bemühungen, diesem Schlamassel beizukommen, hat es allerdings gegeben: Die Leere (des Rechts) sollte gefüllt, die Fülle (der Verwaltung) gebändigt werden. Zu denen, deren Gedanken erinnerungswert sind, gehört Carl von Gerber (Oertzen 1974), ein ›reiner‹ Jurist des 19. Jahrhunderts und von seinesgleichen als »unser aller Meister« (Georg Jellinek) gefeiert. Gerber bemüht das altehrwürdige Bild des krankheitsanfälligen, daher sorgebedürftigen »Gesellschaftskörpers« (Lüdemann 2004), welches zwar in der Juristerei selbst keinen Platz habe, als deren ideelles Fundament aber unentbehrlich sei: »Unter den begrifflichen Mitteln, deren sich die philosophische Staatsbetrachtung zur Klarstellung des innersten Wesens des modernen Staates bediente, spielt keines eine so hervorragende Rolle, als die in dem Worte ›Organismus‹ liegende Gedankenformel.« Ausdrücken kann man mit ihrer Hilfe, »dass der Staat eine Gemeinschaft von selbständiger innerer Entwicklungskraft, dass er als Ganzes in eigenem ursprünglichen Gedanken gegründet ist und sich, in steter Fortbildung begriffen, seiner Bestimmung gemäß in sich und seinen Teilen vollendet; dass die einzelnen Teile die in wechselseitiger Lebenswirkung arbeitenden Glieder sind, die freilich nicht, wie im Naturorganismus, selbstlos, sondern selbstbewusst und im eigenen Mittelpunkt begründet erscheinen; dass die Bewegung des Staats, d. h. die fortschreitende Entfaltung seiner Idee auf der eigenen und auf der zusammenwirkenden Lebenskraft seiner Teile beruht und nicht, wie der Lauf eines mechanischen Räderwerks, auf einem Anstoßen von außen.« (Gerber 1998, 218 ff.)

Das Bild vom Staat als einem Organismus dürfe aber nicht überstrapaziert werden. Es rufe uns, meint Gerber, zwar in Erinnerung, dass Staaten mehr sind als eine zufällige Ansammlung x-beliebiger Personen, doch sei es »keinesfalls geeignet, für eine rechtliche Charakteristik zu gelten. Die juristische Konstruktion des Staates und seiner Teile hat es, wie jede juristische Konstruktion, mit der Nachweisung und Abgrenzung von Willensverhältnissen zu tun.« (Gerber 1998, 220 f.) Wo Willen sind, ist auch das Recht – oder in Gerbers souveräner Verdrehung: Weil es Recht gibt, müssen Willen her. Dann wird aus dem Staat eine juristische Person, die den Bürgern als Staatsgewalt gegenübertritt: »Der Staat als Persönlichkeit hat eine eigentümliche Willensmacht, die Staatsgewalt. Sie ist das Recht zu herrschen, d. h. das Recht, zur Ausführung der im Staatszwecke liegenden Aufgaben einen das ganze Volk verbindenden Willen zu äußern. Dieser Willensinhalt unterscheidet die juristische Persönlichkeit des Staates spezifisch von den juristischen Personen des Privatrechts.« Gleichwohl treffen sich Personen, weshalb »die dem Staat Unterworfenen« diesem »zugleich als Berechtigte« gegenübertreten (Gerber 1998, 226, 229).

Zugleich Vertragspartner und Herrschaftsunterworfene, mit eigenem Willen ausgestattet, der aber nicht so frei ist, den Vertrag zu kündigen, und Träger von »unverletzlichen und unveräußerlichen« (Grundgesetz) Rechten, die ihnen vom Staat gewährt worden sind, also keine Gegenmacht legitimieren können (Gerber 1998, 33) – ein höchst schwieriger Balanceakt, der aus dem filigranen Konstrukt einen festen Körper machen soll. Gelingen kann das Kunststück nur, wenn alle Bürger es tagein, tagaus willentlich, wiewohl nicht unbedingt wissentlich vollbringen: Ernest Renans »plébiscite de tous les jours« (Renan 1882). Außer- resp. vorrechtlich gesehen erscheint das Volk in »seinen Beziehungen zum Staate als eine geistige Einheit«, bei der »das einzelne Glied nicht isoliert, sondern nur noch als mitwirkender Kraftteil eines großen, Vergangenheit und Gegenwart einschließenden sittlichen Gesamtindividuums« auftritt, in diesem Falle des »deutschen Volksgeists« (Gerber 1998, 45, 9).

Der Volksgeist – die Rettung? Im konkreten Fall eher eine weitere Kalamität. Denn speziell den deutschen hält Gerber, wo Staatsaufgaben anstehen, für besonders erfinderisch, zumal es davon, wie er selbst auch glaubt, im Prinzip »unendlich mannigfache« davon gibt. Ihn zu befragen, ist deshalb keine gute Idee, wenn es darum geht, dem Regierungsgeschäft Substanz einzuflößen. Da auch keine Alternative am Horizont auftaucht, heißt es schlussendlich ›zurück auf Null‹, sprich: Statt um den Staat kümmert sich Gerber wieder ums Staatsrecht – »Reinheit und Selbständigkeit« gelte es zu sichern (Gerber 1998, 240). Wie gehabt.

Ein neuer Akzent wird erst viel später gesetzt – mit dem Motto: Der *Führer* füllt die Leere. Er setzt »substanzhaftes Recht«, seines und damit das des »konkreten« Volkes, dessen Führung ihm vom Schicksal anvertraut worden ist, gegen jene »leere Gesetzlichkeit«, wie sie in »justizförmig prozedierenden« Staaten samt ihren »geistig hilflosen Bürokratien« zwangsläufig vorherrscht. Damit sei dann, proklamiert Carl Schmitt, die Sache ein für alle Mal erledigt (Schmitt 1934a, b). So kommt der Wahnsinn zu seiner Weihe, doch die erhoffte Wirkung blieb aus. Führung ist kein Regierungsstil für komplexe Lagen – an ihrer Funktion, Person und Gesetz, Verwaltung und Bewegung, Bürokratie und Partei zu verschmelzen, sollte sie kläglich scheitern. Am Ende hat *Behemoth* sein Haupt erhoben, das Ungeheuer der *unberrschten* Fülle (Neumann 1988).

6.5 König der Leute

Wo steht die Herrscherfigur im Kräftespiel? Michel Foucault hat einmal bemerkt, dem König müsse man den Kopf erst noch abschlagen, weil er in unseren Köpfen weiterlebe. Soviel Resistenz kommt nicht von ungefähr, an dieser ›Ewigkeit‹ ist über Jahrhunderte hinweg hart gearbeitet worden: mit glänzenden Festen und ›himmlischen‹ Feiern, imposanten Schlössern und prächtigen Statuen, die einprägsamen Fürstenporträts auf dem Taschengeld nicht zu vergessen (Marin 2005). Doch ohne *Funktion* hätten sich Souveräne so lange kaum halten können.

Deren Inhalt hat mit den Jahrhunderten gewechselt. Den Anfang macht die Erkenntnis von Juristen, dass jedes personalisierte Regime an der Spitze einer Person bedarf, die perfekt und permanent regiert. Zangsläufig würden sonst ihre Taten in Kontroversen münden und ihr Tod Konfusion auslösen – irgendwer muss das letzte Wort haben, und dafür musste immer gesorgt sein. Natürliche Menschen schieden aus, deswegen erfanden Juristen den künstlichen: »Für diesen Zweck verleiht das Recht ihm« – dem Herrscher – »einen politischen Körper, unsterblich und unsichtbar« und unfehlbar (Coke 1600). Die Doktrin des gedoppelten Königs (Kantorowicz 1990) stand zu jener Zeit schon in voller Blüte, Edmund Plowden, auch er Jurist, hatte sie ein Vierteljahrhundert vorher kodifiziert. Des Königs »natürlicher Körper«, heißt es da, »ist für sich betrachtet ein sterblicher Körper, der allen Anfechtungen ausgesetzt ist, die sich aus der Natur oder aus Unfällen ergeben, dem Schwachsinn der frühen Kindheit oder des Alters und ähnlichen Defekten, die in den natürlichen Körpern anderer Menschen vorkommen. Dagegen ist der politische Körper ein Körper, den man nicht sehen und nicht anfassen kann. Er besteht aus Politik und Regierung, er ist für die Lenkung des Volkes und das öffentliche Wohl da. Aus diesem Grund kann nichts, was der König in seiner politischen Leiblichkeit tut, durch einen Defekt seines natürlichen Leibs ungültig gemacht oder verhindert werden.« (Zit. in: Kantorowiz 1990, 31)

»The King never dies« – dieses Wunder verhilft der »Krone« juristisch zum ewigen Leben und verhindert ein brisantes Interregnum. »The King can do no wrong« – dadurch wird ausgeschlossen, dass nichtsnutzige Herrscher, gewöhnlichen Schurken gleich, vors Gericht gezerrt werden – was ihrer funktionsnotwendigen Distinktion Abbruch täte. Das galt auch noch 150 Jahre später, als William Blackstone sich daran macht, dieses so notwendige wie merkwürdige Konstrukt zu erläutern: »In jeder Monarchie«, kommentiert er, muss der Herrscher seine Untertanen auch dadurch distanzieren, »dass er bestimmte Eigenschaften aufweist, die sich von denen jedes anderen Individuums unterscheiden und diesen überlegen sind« (Blackstone 1873, 57). Doch ist die Königswürde inzwischen kein Blankoscheck (mehr): Ihr Inhaber kann zwar immer noch schalten und walten, wie er will, doch lässt das ›System‹ jetzt herrschaftspflegliche Korrekturen zu. »The king can do no wrong« sollte nicht so weit gehen, dass Prozessgegner Seiner Majestät von vorneherein auf verlorenem Fuße standen: Hat jemand privatrechtlich begründete Ansprüche gegen den König, kann er ein Appellationsgericht anrufen, das »den Herrscher gegebenenfalls nicht *zwingt*, einen Vertrag einzuhalten, sondern ihn von der Richtigkeit dieser Handlung *überzeugt*« (Blackstone 1862, 57). Soll heißen: Der Souverän lässt sich von Fachleuten eines Besseren belehren, routinemäßig (Cokes Traum). Wobei das Eingeständnis dadurch erleichtert wird, dass seine Fehler gar nicht ihm, sondern schlechten Ratgebern (»wicked advisers«) angelastet werden – die Richter »unterstellen, dass er getäuscht wurde« (Blackstone 1862, 246).

Die Botschaft bleibt: Jeder König, selbst der tote, ist besser als keiner. Er ist, also leistet er. Hier zeichnet sich eine Verschiebung ab, an deren Ende Hegel dann feststellen kann, es gebe für Monarchen nichts anderes zu tun, als mit seiner Unterschrift zu beglaubigen, dass der Staat wolle, was die Bürokratie will: Sie setzen halt den Punkt aufs I (Hegel 1986, 451). Da es nun mal einer machen muss (bis heute), gibt es keinen Grund, den König zu köpfen. Weil man diese Leistung aber viel billiger haben könnte, liegt es nahe, danach zu fragen, warum manche Länder – allen voran und ausgerechnet die Händler-Nation (Werner Sombart) England – sich ihre Königshäuser bis heute leisten.

Die Monarchie, bemerkt Walter Bagehot, »ist ein starkes, weil verständliches Regierungssystem«, eines, »das von den meisten Menschen verstanden wird, obwohl sie auf der ganzen Welt sonst kein anderes verstehen. Oft heißt es, sie würden von ihren Vorstellungen regiert, doch eigentlich lenkt deren Schwäche ihr Verhalten.« (Bagehot 1963, 31) Verständlichkeit hilft aber nur weiter, wenn sie mit *Vertrauen* gepaart ist – weswegen Könige, sobald sie nicht mehr Gott gleichen, den Leuten ähnlich werden müssen. Manche Hoheiten waren sich dieser Sachlage sehr wohl bewußt. So ermahnt Prinz Edward seine Mutter, Königin Victoria, mehr Volksnähe zu zeigen: »Kämest Du hin und wieder, etwa zum Lunch, von Windsor nach London, um Dich danach eine Stunde durch den Park kutschieren zu lassen (wenn es dort nicht so laut ist), würdest Du den Menschen eine riesige Freude machen.« Bevor der Eindruck entstehen kann, gekrönte Häupter seien hauptsächlich ein harmloses Volksvergnügen, folgt die unverblümte Erinnerung an den politischen Mehrwert des königlichen Schauspiels: »Wir leben in unruhigen Zeiten. Und je mehr die Leute von ihrem Oberhaupt sehen, desto besser ist es für Volk und Land.« Umgekehrt ermahnt die Queen ihren ältesten Sohn und Thronfolger, seinen Lebenswandel am gesunden Volksempfinden auszurichten: »Dass das taktlose Verhältnis des Prinzen von Wales mit einer jungen, verheirateten Frau an die Öffentlichkeit gelangt ist, beschädigt zwangsläufig seinen Ruf bei der Mittel- und Unterklasse – etwas höchst Beklagenswertes in Zeiten, da mehr als alles andere die frivole, egoistische Vergnügungssucht der Oberschicht den Geist der Demokratie befördert.« (Zit. in: Dollinger 1985, 357)

Das sind Momentaufnahmen eines ›leutseligen‹ Regierungsstils, der sich zeitgleich auch anderswo herausgebildet hat: des sog. »Bürgerkönigtums«. Das Original sozusagen, Louis Philippe I, Frankreichs König von 1830 bis 1848 und als *Roi Citoyen* in die Geschichte eingegangen, unterscheidet sich allerdings von späteren Ausgaben dadurch, dass er die Bürgerlichkeit seiner republikanischen Inthronisation verdankt hat, also von Volkes Gnaden zum Monarchen aufgestiegen ist. Die englische Version funktioniert völlig anders. Victoria ist ganz ›feudal‹ auf den Thron gekommen, ihren Lebensstil allerdings wählt sie (auch) mit dem Blick aufs ›gemeine‹ Publikum aus, so dass man eher von einer *Reine Bourgeoise* sprechen müsste. Dafür wird der natürliche resp. private Körper, dessen ›Menscheln‹ traditionell überdeckt werden sollte, zielbewusst öffentlich inszeniert. Hoheiten reklamieren seither nicht göttliche Gnade, sondern demonstrieren menschliche Güte, paradieren als freundliche Herren bzw. fürsorgliche Mütter von nebenan, mischen sich unters Volk, gehen spazieren oder anderen Vergnügungen kleiner Leute nach. So sehen die Menschen, dass dort oben eine(r) von ihnen thront und daher Vertrauen verdient. Es ist »die Legitimation der Herrschaft durch schlichte Rechtschaffenheit« – »every one points to *my* simplicity«, rühmt sich Victoria (Dollinger 1985, 357), wohl wissend, worauf es ankommt: Wer das Volk davon abbringen will, sich selbst als König einzusetzen, muss wenigstens dafür sorgen, dass der König ihm gleicht.

7 Ties that bind?

Einen Restzauber haben Monarchen in ihren Karossen ohne Zweifel behalten, bis heute; doch Queen Victorias Hoffnung, diese Inszenierung lasse den Wind der Demokratie einschlafen, zeugt von verständlicher Weltfremdheit. Interessen, nicht Impressionen sollten den Ausschlag darüber geben, ob sich die »Masse« mit der Macht arrangieren würde. Und kein Königstreuer hat seinen Idolen nachdrücklicher geraten, den *sozialen* Ausgleich zu suchen, als besagter Lorenz von Stein: Weil »die nichtbesitzende Klasse« ihre politische Vision »nicht aus dem abstrakten demokratischen Prinzip, sondern aus ihrem *Interesse* heraus konstruiert«, rufe sie nach einer anderen Verfassung, »nicht so sehr um der Verfassung willen, als wegen der *Verwaltung*«. Sie »will in der Verfassung herrschen, um über die Verwaltung für ihre Interessen sorgen zu können.« Wer Gesetze ›geben‹ kann, muss keinen Aufstand machen. Woraus folgt, dass die politische Erregung in saturierte Gleichgültigkeit umschlagen würde, sobald das gerade existierende Regime den Wunsch nach »Daseinsvorsorge« (Ernst Forsthoff) befriedigt: »Es sind bei dieser Verwaltung Königtum, Diktatur, Aristokratie, Demokratie gleichmäßig möglich« (v. Stein 1850, 217, 219). Das Staats-Theater weicht dem Tauschgeschäft: Loyalität gegen Fürsorge (Narr/Offe 1975). Allerdings sollte sich bald zeigen, dass der Weg zwar vorgezeichnet, doch Umwege nicht ausgeschlossen waren. Lorenz von Stein hat sein eigenes Modell, die soziale Monarchie, mit dem Blick auf Frankreich entworfen – und erkennen müssen, dass sich der politische Wind zunächst in die ›falsche‹ Richtung dreht: Dort gehen staatliche Autorität (Napoléon III) und Reaktion (Großgrundbesitz) ein Bündnis ein, um den großen Rest der Gesellschaft gewaltsam niederzuhalten.

Andererseits war Frankreich auch der Schauplatz zukunftsweisender Debatten darüber, wie das »Soziale« am besten zu organisieren wäre, damit es seine Sendung, den industriellen Fortschritt »verträglich« zu gestalten, erfüllen kann (Ewald 1993). Dass die Zukunft dem *Versicherungsprinzip* gehören würde, hat (mit Blick aufs Krankheitsrisiko) der französische Philanthrop Chamousset schon 1757 erkannt: es sei »das Band der Zivilgesellschaft – in Umständen, die ihm mehr Dringlichkeit verleihen als alles, was man sich bis dato vorgestellt hat«. Menschen, erläutert er, »schließen sich zusammen und gründen einen Fonds, weil sich niemand seiner Gesundheit vollkommen sicher sein kann. Dabei zahlen jene, die das Glück haben, auf diese Hilfe nicht angewiesen zu sein, in den gemeinsamen Topf mehr Geld ein, als sie zurückerhalten«. Doch auch den Gesunden »kann es von einem Tag auf den anderen treffen, und aus diesem Grund geht seine Rechnung ebenfalls auf, denn er erspart sich viele Sorgen« (Chamousset 1783, 38). Chamousset legt Wert darauf, dass diese Art von Gemeinsamkeit die Menschen nicht umkrempeln muss – sie verlange keine guten Samariter, sondern sei mit ganz normalen Interessenten herzustellen: Jedermann verfolgt lediglich »son propre interêt«. Egoismus kann auch verbinden – unter einfachen Umständen durch Tausch (Adam Smith), wenn das Leben komplizierter wird, kommt die Versicherung dazu.

Etwas überraschend polt gut hundert Jahre später Léon Bourgeois, der ›Assekuranz-Papst‹, das Versicherungsdenken doppelt um: Aus dem freien Willen wird eine vernünftige Pflicht, und den Platz des Interesses nimmt nun die *Solidarität* ein. Ihm zufolge steht erst dann alles zum Besten, wenn jedermann begriffen hat, dass er der Risikovielfalt seiner verflochtenen Existenz ohne Solidargemeinschaft nicht gewachsen ist: »Die Menschen in einer Gesellschaft versichern sich wechselseitig gegen jene Natur- oder Zivilisationsrisiken, von denen sie allesamt betroffen sind: Krankheit, Unfälle jeglicher Art, ungewollte Arbeitslosigkeit, Alter.« (Bourgeois 2014, Pos. 912) Was ihn zu dieser zweifachen Verschiebung motiviert, ist nicht schwer zu erraten: Gleich dem Tausch- stabilisiert sich auch das Versicherungsprinzip nicht automatisch. Was den Ruf nach staatlicher Nachhilfe auslöst: Die freiwillige Versicherung muss eine Pflichtversicherung werden, sonst wird nichts daraus. Sich zu versichern, heißt es nun, ist »eine gesetzliche Pflicht; wer gegen sie verstößt, bricht geltendes Recht, und ein Gesetz, das sicherstellt, dass jemand seiner sozialen Verpflichtung nachkommt, ist kein Eingriff in dessen Privatsphäre« (Bourgeois 2014, Pos. 611). Das Risiko, dass die Versicherung einfach ausfällt, weil der verblendete Zeitgenosse ihre Vorzüge übersieht, ist zu groß.

Am Ende würden sich, wie bald deutlich werden sollte, die Regierungen auf unterschiedlich austarierte Kombinationen von *verwalteter* und *versicherter* Daseinsvorsorge festlegen, beide unter Oberaufsicht des dafür prädestinierten Staates: der (idealerweise) über den Dingen steht, aufs Ganze achtet, in die Ferne sieht. Welcher Geist dieses Gebilde durchweht, macht die Sprache seines Gefolges deutlich. Vor allem: Man redet offen davon, dass Menschen Not leiden und dafür nichts können, weil »bei dem Übermaße des Reichtums die bürgerliche Gesellschaft nicht reich genug ist, d.h. an dem ihr eigentümlichen Vermögen nicht genug besitzt, dem Übermaße der Armut und der Erzeugung des Pöbels zu steuern« (Hegel 1986, 390). Anders als Hegel, der nach langem Hin und Her das systemische Elend doch auf der individuellen Ebene – den »Bettel« – ablädt, kommt die herrschende Lehre zur Überzeugung, dass kollektive, sprich: staatlich organisierte Unterstützung angemessen sei. Zwar gibt es noch Hemmungen, Armut oder Arbeitslosigkeit durch etatistische ›Großveranstaltungen‹ zu bekämpfen, doch gegen staatliche Hilfen vor Ort oder bei Gelegenheit (z.B. durch »Werkhäuser, Industriemagazine und Warenbestellungen auf öffentliche Kosten«) bestehen keine Einwendungen. Denn: »Eine der kläglichsten und des Mitleids würdigsten Lagen ist ohne Zweifel die, wenn eine gewisse Arbeit keinen Absatz mehr finden will, und somit diejenigen, welche dieselbe bisher betrieben, vielleicht nur diese verstehen, zu anderen Beschäftigungen jedenfalls kein Kapital und keine Gelegenheit haben, langsam aber sicher dem Elende entgegengehen«. Was auch insofern besonders bedauerlich sei, als »von einer eigenen Schuld der Betroffenen gar keine Rede ist.« Elend ohne persönliche Schuld, »anständige Armut«, begründet ein moralisches Anrecht auf staatliche Hilfe, und Arbeitslosigkeit ist nur ein Übel von vielen, die ihre Opfer allesamt hoffnungslos überfordern – Robert von Mohl benötigt fast zehn eng bedruckte Seiten, um seinen Katalog einschlägiger Risiken samt den dazugehörigen Hilfsaktionen auszubreiten (v. Mohl 1848).

Zusammen mit seinem bürokratischen Unterbau hat dieses ›staatskaritative‹ Denken allerlei Herrschaften kommen und gehen sehen. Doch dann ist es mit ihm sehr schnell zu Ende gegangen – auf seinem Grabstein könnte stehen: »It is our duty to look after ourselves and then also to help look after our neighbour and life is a reciprocal business.« (Thatcher 1987) Was war passiert? Erinnern wir uns daran, dass der Wohlfahrtsstaat von Anfang an selbst eine *politische* Versicherung darstellen sollte – zunächst gegen die »Massen-Armuth«, dann, vermittelt über das »Proletariat«, gegen »Socialismus und Communismus« (v. Mohl). Eben diese Drohkulisse war gegen Ende des letzten Jahrhunderts vollständig ausgebleicht. Wer daraus Kapital schlagen wollte, begann mit Verve, die Gegenbewegung einzuleiten. Thatchers Botschaft, das macht ihren besonderen Reiz aus, benötigt nur einen einzigen Satz, um den Weltgeist umzudrehen: Materielles Elend, bis dato ein Fall für gute Samariter, mutiert zum moralischen Defekt, der nach strengen Zuchtmeistern verlangt. Armut als Ausbeutung des Mitleids durch die Faulheit – diese moderne ›Gemeinheit‹ vor Augen rebellieren Wohlstand und Anstand im festen Glauben, entweder »bluten« oder »leiden« zu müssen. Wie immer rebelliert nicht der, dem es einfach schlecht geht (»die Ärmsten der Armen«); ihrem Ärger lassen »relativ Depravierte« seinen Lauf, Leute, die glauben, dass es ihnen (noch) besser gehen müsse (Gurr 1970).

Die Not des einen erscheint als Nötigung des anderen. Damit der Staat gar nicht erst in Versuchung kommt ›einzuknicken‹, nimmt ihm Margaret Thatcher kurzerhand die Gesellschaft weg: »There is no such thing as society« (Thatcher 1987). Wer das »Ding« Gesellschaft aus der Welt schafft, bringt auf einen Schlag *alle* (›inneren‹)Probleme zum Verschwinden, deren sich das Regierungsgeschäft gemeinhin annimmt und die es, wenn ihm viel daran liegt, als »Staatsaufgaben« kodifiziert: Es gibt weder Vermögensverhältnisse noch Durchschnittseinkommen, weder Frauenquoten noch Arbeitslosenraten, weder Eröffnungs- noch Schlussbilanzen (Drogentote, CO_2-Ausstoß usw. pro Land/Jahr). Alles tritt einzeln auf: Der eine ist ›superreich, ein anderer bettelarm, diese Frau steigt auf, jene aus, Hinz hat Arbeit, Kunz sitzt zu Hause, manche nehmen Drogen, andere stehen auf Kohlehydrate und wieder andere leben gesund, einige Fabriken sind »Dreckschleudern«, Schwarze werden mal diskriminiert, mal nicht, Tiere werden mancherorts gequält. Dass es Probleme gibt, heißt nicht, dass die *Gesellschaft* sie haben müsste.

Trotzdem hat sich die Gesellschaft nicht in Luft oder lauter Einzelheiten aufgelöst, Thatcher selbst hat Lehrgeld zahlen müssen. Woran liegt es? Die einfache Antwort zerfällt in zwei Teile. Erstens verschwinden Problemfälle nicht schon dadurch, dass sie niemand aufaddiert: Drei Millionen Deutsche würden auch dann arbeitslos (und enerviert, frustriert, alkoholisiert, radikalisiert) in den Tag hineinleben, wenn die Arbeitslosenrate (sieben Prozent) kein politisches Datum wäre – weshalb sie es weiterhin ist. Zweitens: Drei Millionen Arbeitslose (um beim Beispiel zu bleiben) sind drei Millionen Wähler, die ihr Wahlverhalten am eigenen Schicksal festmachen und sich wenig darum scheren, dass sieben Prozent ein ganz guter Wert sein mögen, verglichen mit anderen Ländern.

Weshalb man sie nicht komplett im Stich lässt, sondern in der einen oder anderen Weise »fördert und fordert«. Hier wie anderswo.

Die Crux an der Sache: Diese Lage kommt nicht ins Gleichgewicht. Was vom Wohlfahrtsstaat übrig bleibt, ist den ›Blutern‹ (immer noch) zuviel, den »Leidern« (inzwischen) zu wenig. Treten dazu, als dritte Kraft, Regierungen auf, deren Meinung nach es ein Verteilungs- oder Gerechtigkeitsproblem gar nicht geben sollte (»no such thing«), die aber auch nicht davon loskommen, dann sind pathologische Entwicklungen unvermeidlich. »Dekomposition« (Alain Touraine) ist der passende Name dafür. Da treffen enervierte Politiker auf ein erregtes Publikum, das schnelle Lösungen verlangt, nach starken Männern ruft, rabiate Eingriffe fordert, kurz: Interessen durch Illusionen ersetzt. Dem halten sie verlegene und verlogene Surrogate entgegen: eingängige Formeln, einfache Lösungen oder einsame Entscheidungen, weil ihre Routinen ›rotieren‹. Hier wie dort übt man sich in *Komplexitätsverweigerung* – eine Negation als kleinster gemeinsamer Nenner.

III Distanz

8 Fluchten und Fronten

Das *Interesse* am Staat schwindet – die Seele steht nicht mehr auf der Tagesordnung, seitdem sich Tod und Teufel aus dem politischen Alltag verabschiedet haben. Verloren geht dieses Interesse, sobald erkennbar wird, dass Regierende nur noch um sich selbst kreisen und ihren Schutzbefohlenen nicht helfen können, ja nicht einmal wollen. Das halten die Nicht-mehr-Regierten für eine Zumutung: »Is it too much to ask the government to actually do the governing?«[1] Ein Engländer fragt sich das, weil er das Gefühl hat, seine Regierung verweigere ihm rundweg den gewohnten Dienst – ein Moment der Entrüstung *und* Aufklärung, macht doch »die »Gewohnheit« das »unsichtbar, worauf unsere ganze Existenz beruht« – sie »ist zur andern Natur geworden, und man denkt nicht gerade nach, wie dies erst die Wirkung besonderer Institutionen sei. Durch die Gewalt, meint die Vorstellung oft, hänge der Staat zusammen; aber das Haltende ist allein das Grundgefühl der Ordnung, das alle haben.« (Hegel 1986, 414)

Verliert sich dieses Gefühl, ›verabschieden‹ sich die Leute. Schulen, Kirchen und Wahllokale sind jedenfalls keine Orte mehr, deren Besuch anhängliche Bürger produzieren würde. Einige tauchen ins private Leben ab, andere machen das öffentliche unsicher. Welche Form die »Politikverdrossenheit« annimmt, hängt nicht zuletzt davon ab, welche Stufe der Gesellschaftspyramide erfasst wird. Kleine Fluchten enden im Branntwein oder auf den Cayman Inseln. Wer dem Staat Paroli bieten will, mag ihn wie einen ganz gewöhnlichen Verbrecher verklagen; einfachen Leuten steht dieser Weg zwar kaum jemals offen, dafür können sie, in ihrer Eigenschaft als Stimmbürger, staatstragende Agenten (Politiker, Parteien)

---

1 | www.bbc.co.uk/blogs/haveyoursay/2010/07/how_should_you_contribute_to_s.html

durch »populistische« Freunde und Helden des Volkes ersetzen. Die es aber gar nicht mehr aushalten, werden versuchen, das komplette »System« lahmzulegen, indem sie seine empfindlichste Stelle attackieren – *Occupy Wall Street* heißt dann der Schlachtruf. Alle diese Initiativen haben etwas gemein: eine teils theoretische, teils praktische Rücksichtslosigkeit. Den Status quo akzeptieren sie – vorübergehend wenigstens – nicht mehr als Argument (Luhmann 1968). Ihnen das vorzuwerfen, geht deswegen an der Sache vorbei, weil in ihrem Fall Respekt identisch wäre mit Resignation.

8.1 Protesttheater

Occupy (»Wall Street«) war ein Projekt, das sein Dilemma, den Ausstieg *(exit)* zu wollen, diesen Wunsch aber nur symbolisch kundmachen zu können, dadurch lösen wollte, dass es, kurz gefasst, *voice* (Protest) in *noise* (Rauschen) verwandelt hat – für die Beobachter zumindest, deren Commonsense nicht ausgereicht hat, um zu verstehen, was da vor sich gegangen ist. Vertraut waren ihnen andere Formen, im Kollektiv Unbehagen auszudrücken, und *Occupy* schlug über alle gewohnten Stränge: geordnete Demonstrationen mit kilometerlangen Umzügen, machtvollen Kundgebungen, schneidigen Parolen und pathetischen Anführern, die geschäftig Grußtelegramme verlesen und geduldig darauf warten, am Regierungssitz vorgelassen zu werden. Diese Usancen locken keinen Hund mehr hinter dem Ofen hervor. Und keinen Kirchenfürsten hinter der Kanzel – was *Occupy* immerhin geschafft hat: »Dass er sich für die Tobin-Steuer auf finanzielle Transaktionen ausgesprochen hat, mag dem Erzbischof von Canterbury Sympathien unter den antikapitalistischen ›Occupy London‹-Demonstranten eingebracht haben, doch im Finanzministerium wird er damit Schrecken verbreiten.« (Daily Mail, 02.11.2011) Dem Bischof gefällt das Bewegte an der Bewegung, er will es nutzen, um loszuwerden, was ihm am Herzen liegt: »A credible change in the financial world.« Ohne Schützenhilfe wäre ein Weckruf aus Canterbury umgehend verhallt; so aber hat er sein Publikum und die Kirche ihre Ruhe gefunden – etwas war ›vollbracht‹, auch wenn sich nichts ändern würde.

Allgemeiner gesagt: Der Zuccotti-Park war schnell ein symbolischer Ort geworden, an dem vergessene Projekte oder verbrannte Parolen abgeladen werden konnten, mit der mehr oder minder vagen Hoffnung verbunden, dass der geborgte Schwung dem eigenen Anliegen Flügel verleihen würde. Recht schnell begann sich die Dyamik sogar umzudrehen, und die Parasiten brachten den ›Wirt‹ in Bedrängnis: »Wenn bedeutende Demokraten wie Bill Clinton die Demonstration an der Wall Street [...] würdigen (und der Bewegung dann raten, Obama zu wählen)«, dann, mahnt eine besorgte Aktivistin, »muss die Linke nachziehen und alles aufbieten.« (Ann Taylor in: Blumenkranz u. a. 2011, 84) Aber wohin und was? Das Handbuch zur Bewegung benötigt 500 Seiten, um darauf die Antwort schuldig zu bleiben (Byrne 2012).

Allerdings hatten die Besetzer so auch nicht gewettet, sollten doch gerade keine spezifischen Sünden angeprangert und keine konkreten Gebote aufgestellt werden – »außerhalb der klassischen Semantik von Forderungen und Vorschlägen« würde das Projekt Fahrt aufnehmen (Sitrin 2011, 61). Eigentlich kann man sagen: Es wurde nichts verlangt und nichts verbessert – außer allem. So lange »alles« in Schweigen gehüllt war, mochte das angehen, aber sobald die Bewegung ihren Mund aufgemacht hat, ist deutlich geworden, dass sie ihn wohl besser gehalten hätte, so wirr fiel der Forderungskatalog aus: Verstaatlicht alle Banken! Aufbau einer internationalen digitalen Bibliothek. Kostenlose Fahrräder für alle. Verstaatlicht alle Samen- und Eizellenbanken! Nie wieder Arbeitsessen! Oder aber und die Bewegung an ihr logisches Ende führend: Besetzt alles! (Blumenkranz 2011, 88 f.) Erkennbar freischwebende Ideen, Gelegenheitsprodukte »ohne Substanz und ohne funktionelle Bindung, ohne feste Führung, ohne Konklusion und ohne Definition, ohne Entscheidung, ohne letztes Gericht, unendlich weitergehend« (Schmitt 1991, 19 f.).

Draußen schüttelt man den Kopf, im Innern verlangen Vordenker Seriosität und erkunden Strategien. Für neue Ideen sei die Bewegung noch nicht reif, diagnostiziert Slavoj Žižek: »Vor uns«, verkündet er, »liegt noch ein langer Weg, wir werden uns schon bald den wirklich schwierigen Fragen stellen müssen«; bis dahin gelte es, sich das Schweigen nicht nehmen zu lassen (Žižek 2011, 68), weil jedes Reden vom Gegner annektiert und entweder ›verdaut‹ oder verdammt werde. Was freilich nichts daran ändert, dass falsche Freunde das Schweigen seiner Vieldeutigkeit wegen beliebig ausdeuten und -beuten, sprich: in *voice* zurückverwandeln können. Selbst Regierende sind auf diesem Weg zu Protestanten geworden.

Anders gesagt: Das Schweigen bleibt so lange im ›System‹, wie keine passenden Worte gefunden werden. Auguren wie Žižek, im Besitz des Wissens, was sich der Weltgeist an dieser Epochenschwelle fragen sollte, haben sich denn auch sofort gemeldet und dafür gesorgt, dass niemand nach den falschen Antworten sucht. Darum und um sonst nichts sollte es in erster Linie gehen: »Welche Gesellschaftsordnung kann den bestehenden Kapitalismus ablösen? Wie müssen unsere neuen Führer aussehen? Welche Organe, einschließlich derer zur Kontrolle und Repression, brauchen wir?« (Žižek 2011, 68) Es reicht eben doch nicht aus, Wall Street einfach schweigend zu besetzen. Dass den Aktivisten genau dies nicht klar genug sein könnte und sie anfangen würden, ihre Präsenz als solche zu genießen, war eine andere Sorge jener, die in großen Zusammenhängen zu denken sich angewöhnt hatten: »Karnevalsfeiern sind billig zu haben – entscheidend ist aber«, ermahnt der Hirte seine Schafe, »was am Morgen danach noch davon übrig ist, ob und wie sich unser Alltag verändern wird.« (Žižek 2011, 68) Das Risiko ist immerhin richtig beschrieben: Sind im ›brabbelnden‹ Stadium der Bewegung Inhalte aus taktischen Gründen tabu oder fürs Führungspersonal reserviert, dann beschäftigen sich die ›Kinder‹ mit Kindereien – Happenings (»menschliches Mikrophon«, Gebärdensprache, »Asemblea«) dringen ins Vakuum, den Bewegten beginnt politisch drapiertes Amüsement zu gefallen, die Mission gerät aus dem Blickfeld.

Andere Bewegungs-Heilige haben dem jedoch entgegengehalten, das karnevalistische Moment sei in Wahrheit ein »anarchistisches Element« (David Graeber), die gute Seele des *Occupy*-Betriebs und der ernste Grund für den überraschenden Zulauf: »Jahrzehntelang«, rekapituliert David Graeber, »hatten wir in der anarchistischen Bewegung unsere ganze Energie auf die Entwicklung von Formen egalitären politischen Handelns verwandt, die auch wirklich funktionieren, auf Formen direkter Demokratie in selbstverwalteten Gemeinschaften außerhalb des Staates.« (Graeber 2012, 78) Übung macht den Meister, sagt man: »Was diese Arbeit wichtig und lohnenswert macht, sind die Gemeinschaft, die Gegenseitigkeit, die Talente und Fähigkeiten, die sie zum Leben erweckt, und die moralischen Werte, die sie verkörpert.« (Sarah Leonhard, Michael Walzer zitierend, in: Blumenkranz u.a. 2011, 25) Eine Bewegung darf also zum Selbstzweck werden, sofern ihre Motive und Werte stimmen. Der Weg ist einmal mehr das Ziel – und die Ankunft eine Tragik, weil es mit dem schönen Schwung dann ein Ende haben muss. Was wäre Žižeks Regime anderes als eine Entmachtung der Vielen mit anderen Mitteln und besserem Gewissen?

Eine gewisse Ratlosigkeit ist unübersehbar. Wahlen, das A und O demokratischer Willensbildung, haben für »Occupisten« ihren Glanz verloren. Mit ihrer Hilfe lässt sich weder der richtige Wille (Žižek) noch der Wille richtig (Graeber) bilden. Wahlverfahren (Graeber) und Wahlverhalten (Žižek) sind falsch – die Stimme des Volkes *(voice)*, so könnte man sagen, ist »positivistisch halbiert«, käut nur wieder, was ist, und verschweigt, dass alles auch ganz anders sein könnte. Wenn aber jeder reden und alles gesagt werden darf *(noise)*, bewegt sich vor lauter Öffnung auch nichts. Es gibt keine Alternativen, zwischen denen man wählen kann, und klar ist nicht einmal, wie Wählen gehen soll, wenn nicht das allgemeine, freie, geheime und banale Ankreuzen praktiziert wird. Weil Entscheidungen einen Rahmen brauchen, kommen unter den gegebenen Umständen eben keine zustande, und Entschuldigungen drängen sich nach vorne: »Neun Tage sind kein Pappenstiel. Viele Leute beschweren sich, dass die Besetzer« – immer noch – »kein Programm haben, aber jede echte beratende Versammlung braucht ihre Zeit« (Mark Greif in: Blumenkranz u.a. 2011, 13). Rat kommt nicht ohne Zeit und braucht daher Geduld. So macht man sich Mut. Oder auch so: »Ich finde es aufregend, dass empörte Menschen überall in der Welt den öffentlichen Raum zurückfordern, als Symbol für ihr Elend, aber auch als praktisches Instrument, um sich untereinander zu organisieren.« (Eli Schmitt in: Blumenkranz u.a. 2011, 14) Was dem Geist vor Ort an Mobilität fehlt, kompensiert er auf der Welt durch Masse. Wer am Ende keine Hoffnung mehr hat und sie dennoch nicht aufgeben will, der setzt einfach Zeit mit Bewegung gleich: »Es ist großartig, dass die Demonstranten die Besetzung jetzt schon über eine Woche aufrechterhalten haben.« (Ebd.)

Wen wundert es da, dass sich ein ›schlechter‹ Protest im ›guten‹ entwickelt, absondert und am Ende triumphiert: der geschmähte Karneval, das Protest-Theater ohne Form, Maß, Ziel und Thema. Die Welt ändert sich im Kopf, wer ihn besitzt, kann sie »besetzen«, leicht fällt, was man sich leicht macht. Aber: Früher oder später geht es mit der Phantasie zur Neige, und guter Rat ist teuer: In »den mehr als 300 Tagen unseres Protestes hat sich«, war damals auf der Homepage des Frankfurter *Occcupy*-Ablegers zu lesen, »trotz großer Zustimmung in der Bevölkerung zu wenig bewegt. Daher befindet sich die Bewegung in der Diskussion, wie der notwendige Protest fortgeführt werden kann« – in Arbeitskreisen, wie man das von anständigen Parteien kennt. »Zu wenig« Bewegung – damit muss sich wohl jede Bewegung am Ende abfinden. Derweil sind die Anführer besserer Tage schon längst weitergezogen, um ihr mobiles Wissen auf anderen Schauplätzen feilzubieten, während die Überzeugungstäter damit beschäftigt sind, neue Spuren jenes »Magmas« dingfest zu machen, das überall hochkochen und jederzeit für Unruhe sorgen kann (Eichhorn 2014). *The kick never dies.*

8.2 Irrungen, Wirrungen

Man traut seinen Ohren und glaubt seinen Augen kaum: Was Amerikas Suche nach dem nächsten Präsidenten an den Tag gebracht hat, lässt einen daran zweifeln, dass Demokratien das Stadium der »Schwarmintelligenz« erreicht haben. Bizarre Kandidaten treten auf, dumpfe Kalauer machen die Runde, skurrile Konzepte konkurrieren miteinander – alles im Kampf um Stimmung und Stimmen des Volkes, dessen Frustration mit ›polierter‹ Politik dieses Narrenspiel antreibt, beschleunigt und überdreht. »The Will of the People is Crap«, resümiert ein Zeuge seinen Eindruck, verknüpft mit der Erinnerung daran, dass seit je her mit solchen Ausschlägen nicht nur zu rechnen war, sondern auch gerechnet wurde: »Der Wille des Volkes ist das, was unsere Gründungsväter als Herrschaft des Mobs verstanden haben und mit aller Macht begrenzen wollten.« (Erickson 2016) Was einerseits stimmt, andererseits verschweigt, dass es so schlimm schon seit ewigen Zeiten nicht mehr war: »Niemand von uns hat jemals etwas derartiges erlebt.« (Tomasky 2016) Warum nicht? Weil der moderne Mensch sich dadurch auszeichnet, dass er seinem Interesse folgt und seine Emotionen (»passions«) im Griff hat (Hirschman 1987). Geld regiert die Welt, nicht Gier – oder neuerdings Wut. Wut auf »Washington«, das ganze »System« und seinen regierenden Klüngel. Egal, was es kostet.

Es könnte die Empörten teuer zu stehen kommen. »Mississippi Goes for the Money« (Collins 2014): So lautet das beruhigende Fazit eines riskanten Flirts mit dem Fanatismus. Lange sah es nämlich danach aus, als wollten die Einwohner dieses Landstrichs dem Interesse den Laufpass geben und einem Politiker hinterherlaufen, der ihre Heimat ins Armenhaus gebracht hätte. Sein Vorschlag: Man solle auf Finanzhilfen aus Washington, dem Sitz des Bösen, glattweg verzichten. Mississippi, ein Fanal – besonders deshalb, weil dorthin (relativ) mehr Subventionen fließen als in jede andere Ecke Amerikas und fast die Hälfte des staatlichen Budgets ausmachen.[2] Das Projekt stieß auf Gegenliebe, eine Zeit lang konnte man den Eindruck gewinnen, den Leuten wären »Kanonen« wichtiger als »Butter«.

»Going for the money« ist gesunder Menschenverstand, inzwischen auch wieder in Mississippi. Die Verrücktheit hatte keinen Bestand, andererseits war sie mehr als ein lokaler Aussetzer. Amerika scheint am Ekel vor »der Politik« neuerdings Gefallen zu finden und hat dafür sogar eine eigene Organisation gegründet, welche für sich in Anspruch nimmt, den revolutionären Geist des ›originalen‹ Volkes wieder aufleben zu lassen: die *Tea Party*.

Nicht von ungefähr hat man von ihr behauptet, sie veranstalte »die zweite amerikanische Revolution« (Meckler/Martin 2012) – als konsequente Vollendung jener ersten von 1773, in deren Gefolge aus englischen Kolonien die Vereinigten Staaten geworden sind. Was den Grad der Empörung angeht, mag dies stimmen, doch der Grund war damals tatsächlich das liebe Geld (»no taxation«) – während es dem Protest heute, abzulesen an seinen Parolen, Plakaten und Pamphleten, hauptsächlich darum geht, missliebige Mitmenschen politisch zu entmachten (»no representation«). Auf den ersten Blick zumindest mobilisieren Emotionen mehr als Interessen. Man erlebt »den Ärger und das Ressentiment weißer, älterer Männer, die sich darüber empören, dass dieses Land nicht mehr ›ihr‹ Land ist, weshalb auch ihr Status und ihre Autorität nicht mehr das sind, was sie einmal waren.« Schuld daran sind die Regierenden. Ihretwegen wimmelt es auf dem Heimatboden von *undesirables* – illegalen Immigranten und getrauten Schwulen, kinderversessenen Lesben und umgewandelten Geschlechtern. In ›normalen‹ Augen »verschwimmen alle diese Erscheinungen zu einem einzigen Virus, der in jeder Institution dieser einst großen Nation steckt und sie von Tag zu Tag noch mehr zerstört« (Tomasky 2016). So bloggt und twittert sich die Wut durchs Land, bis in den hintersten Winkel. Um die Plagegeister loszuwerden, sind arme Schlucker sogar bereit, ihre Sorgen einem sprücheklopfenden Milliardär anzuvertrauen.

Die kleinkarierte Angst vor dem und der rassistische Hass auf das Fremde streuen einerseits, andererseits treffen ihre ›Strahlen‹ punktgenau den Präsidenten. In ihm vermutet man einen Fremdgläubigen, dem

2 | www.wallethub.com/edu/states-most-least-dependent-on-the-federal-government/2700/#red-vs-blue

es gelungen sei, falsche Tatsachen vortäuschend das Machtzentrum an sich zu reißen: »54 Prozent aller Befragten, die der Republikanischen Partei nahe stehen, glauben, Obama sei ein Muslim. Weitere 32 Prozent sind sich ihrer Sache nicht sicher.«[3] Bei diesen nackten Zahlen bleibt es aber nicht. Im ›sozialen‹ Medienzirkus werden zusätzliche Defekte aufgedeckt und weitere Einzelheiten kolportiert. »Jedermann im Weißen Haus«, wird dort z. B. ausgestreut, wisse, dass Obama zusätzlich schwul sei; außerdem bietet man harte Fakten dafür an, wie weit dieser Fremdling seine Fremdheit treibt: In unbeobachteten Augenblicken könne er gar nicht schnell genug »seinen Anzug ablegen und in eine muslimische Tunika schlüpfen«. In diesem Aufzug bete er dann »den ganzen Tag über zum Propheten Mohammed«, wobei ihn niemand dabei stören dürfe.[4]

Millionen und Abermillionen ›normaler‹ Bürger verlieren den Verstand, verstehen sich als Exorzisten, kultivieren fromme Wahnideen, versteifen sich auf hanebüchene Spekulationen und halten dies für die Stimme des Volkes – eine ausufernde Stimme, die unter der Hand das Problem erweitert und vertieft: Dem ›Trojaner‹ im Präsidentenamt wird vorgeworfen, er verseuche zugleich Amerikas *religiöse* Identität (Johnston 2011). »Satan attacks on many fronts«, und Obama, sein Gehilfe, will sich da nicht lumpen lassen: »Wahre persönliche Freiheit und Verantwortung sind für ihn Fremdworte, und man kann davon ausgehen, dass er nicht versteht, dass die Rechte des Menschen von Gott, nicht der Regierung kommen.«[5] Von seinesgleichen unterscheidet sich dieser Fremdling alleine dadurch, dass er qua Amt Macht hat, also Rechte zusprechen (»Obamacare«) oder wegnehmen (Waffenbesitz) kann, falls ihm niemand in den Arm fällt. Sobald sich *Government* und *God* auseinanderleben, geht es mit dem Land unaufhaltsam bergab: »Kultur« (Tomasky 2014) bezeichnet den Kriegsschauplatz und »Kulturkrieg« die Verteidigungsschlacht des Teils, der sich als Hüter eines besseren Amerika versteht.

Dem wahren Amerika war »Washington« aber schon vorher und aus ganz anderen Gründen ein Dorn im Auge: ausgerechnet des *Geldes* wegen, das derzeit überhaupt keine augenfällige Rolle spielt: »Income gap widens – Tea Party lights fuse for rebellion«. Zu dieser Zeit (2010) konnte

3 | www.teaparty.org/poll-54-republicans-believe-obama-muslim-116838/

4 | http://newsexaminer.net/entertainment/secret-service-agent-says-obama-is-gay-muslim/

5 | www.cis.org/mortensen/tea-party

man beides noch in einem Atemzug nennen (Packer 2013, 297). Damals wurde die Politik dafür kritisiert, dass sie auf Kosten des Steuerzahlers eine skrupellose Spekulantenklasse ungerührt entschuldet habe: »Diese ganzen Rettungsaktionen und Prämienzahlungen – auf diese Weise haben uns die Regierenden unser Geld weggenommen, ohne dass wir jemals gefragt worden wären.« Soweit die gewohnte Stimme Amerikas (zit. in: The Guardian, 15.10.2010). Der Staat hätte den Dingen seinen Lauf lassen sollen, und alles wäre gut geworden oder wenigstens gerecht zugegangen. Daran haben viele Leute, gerade die kleinen, felsenfest geglaubt: »*Tea Party*-Mitglieder halten überhaupt nichts von der These, dass der Finanzsektor oder andere Industrien im öffentlichen Interesse reguliert werden müssten. Sie sind der Ansicht, die Marktkräfte würden, solange sie ungestört wirken können, jede Ungerechtigkeit aus der Welt schaffen.« (Skocpol/Wiliamson 2010, 57)

Man staunt: Ein Markt, der, sobald er sich selbst regulieren darf (Lehman Brothers), fast drei Billionen Dollar vernichtet (davon mehr als die Hälfte in den USA); ein Markt, dessen Banken sich selbst für derart kriminell halten, dass sie nichts mehr miteinander zu schaffen haben mögen; ein Markt, der zwischen vier und zehn Millionen amerikanischen Familien das Eigenheim gekostet hat – ein solcher Markt soll für »faire« Verhältnisse sorgen, derweil die »Regierung der Schurke ist« (The Guardian, 15.10.2010)? Weil sie, um das Debakel zu stoppen, bevor es in der Katastrophe endet, »systemrelevante« Spekulanten aus dem Sumpf gezogen hat? Im Grunde genommen hätte sich auch die *Tea Party* im Zuccotti-Park einfinden müssen.

Dass es dazu nicht gekommen ist, hat auch damit zu tun, dass Geist und Geld am Ende doch eine Verbindung eingehen: Markteuphorie paart sich mit Fremdenhass. Der Kulturkampf erreicht, wie Beobachter herausgefunden haben, seinen Siedepunkt beim Angriff auf *illegale Einwanderer*, gegebenenfalls in Form einer Zwangsdeportation von elf Millionen Mexikanern: »Für *Tea Party*-Anhänger sind illegale Einwanderer das Paradebeispiel für Schmarotzer, die dem Staat auf der Tasche liegen.« Diese Leute »machen eher wenig aus der Gefahr, dass Immigranten den Einheimischen Jobs wegnehmen« – was kaum verwundert, da die Schreihälse überwiegend zu den Besserverdienenden gehören. Ihre Hauptsorge gilt vielmehr der Aufblähung des Wohlfahrtsstaats, dessen Leistungspalette sie bezahlen müssen, ohne selbst etwas davon zu haben.[6] »Hurt the poor and help the rich« (Chait 2011) – auf dieses harsche Prinzip verständigen sich ganze Heerscharen zorniger Bürger, freilich unter dem Schutz der hehren Parole: »We need to take our country back.« (Skocpol/Willliamson 2012, 7) Mit den Regierenden hat man abgeschlossen, deren Herrschaft muss gebrochen werden: *The Hunting of Leviathan* – ein Spieß- und Schildbürgerstreich einfältiger Leute, deren Phantasie nicht ausreicht, um ermessen zu können, was sie in den Händen halten würden, gäbe man ihnen das Land (»as we know it«) tatsächlich zurück.

Die Wut auf den ›xenophilen‹ Sozialstaat, der angeblich sein Füllhorn über faule, manchmal auch gefährliche Fremde ausgießt, ist keine amerikanische Spezialität. Andere Länder profitieren indessen vom Cordon eines bürokratisch organisierten Parteienkartells, des sog. »staatstragenden« Lagers. Dass dieser Schutzwall aber zu bröckeln beginnt, lässt sich kaum übersehen – nicht hierzulande, seitdem der Populismus neben Parolen auch Parteien in die Welt setzt, und noch viel weniger links des Rheins, wo sich eine »nationale Front« anschickt, vielleicht sogar mehrheitsfähig zu werden.

8.3 Nach der Farce

»We need to take our country back« – das ist leichter gesagt als getan. Nicht nur deshalb, weil den Aktivisten, dem eigenen Empfinden nach, ein ›Saustall‹ übergeben würde, sondern auch insofern, als sich ihre eigenen Vorstellungen aus einfachen und undeutlichen Skizzen ableiten, die eine steinalte Verfassung zur Verfügung stellt. Am Ende des Tages muss es wohl wieder einmal Gott richten: »God's blessing has been on America from the very beginning of this nation, and I believe God isn't done with America yet.« (Ted Cruz)[7] Der dieses verkündet, wollte bekanntlich Präsident werden und hätte, wäre ihm Erfolg beschieden gewesen, das grundsätzliche Dilemma des Rückeroberungsprojekts vorführen müssen: dass Gott schon ein Wunder bewirken müsste, um seine Gemeinde mit Hilfe des Staates aus dem ›System‹ herauszuführen.

6 | www.ontheissues.org/Celeb/Tea_Party_Immigration.htm
7 | www.brainyquote.com/quotes/authors/t/ted_cruz.html

Wer auf Gott nicht angewiesen sein will, muss an Hegels »Heroen« glauben. Sich als solchen auszugeben, gehört heute fast schon zum politischen Spiel, dort wenigstens, wo abgewirtschaftete Parteien ihr früheres Charisma verloren haben. Wenige können sich indes an den beiden messen, die über viele Jahre das Politik-Theater Frankreichs bereichert haben: Vater und Tochter Le Pen. Ihre Aufgabe ist um keinen Deut einfacher als jene des amerikanischen Gottes: Eine Partei des »Systems«, der *Front national* (FN), soll das »System« kippen. Dass daraus massive Komplikationen entstehen, leuchtet unmittelbar ein. Im Übrigen hat Hegel den Widerspruch bereits aufgelöst – freilich nach der ›falschen‹ Seite hin: Heldentum erstickt im System. Heroen kann es nur in »ungebildeten« Verhältnissen geben, auf freier Wildbahn gewissermaßen. Sobald feste Institutionen dem gesellschaftlichen Leben Struktur und Funktion verleihen, werden extraordinäre Menschen weder geboren noch gebraucht (Hegel 1986, 180). Napoléon Bonaparte, den Hegel als »Weltgeist zu Pferde« bewundert hat, konnte daher reüssieren, wohingegen das Unterfangen des Neffen, ein halbes Jahrhundert später diesen Coup zu kopieren, gemessen am hohen Ideal zur bonapartistischen »Farce« verkommen ist (Marx 1972, 15). Was lässt das für den dritten Anlauf mit den Le Pens als Hauptdarstellern erwarten?

Man kann den Bonapartismus als perfektioniertes und pervertiertes Endstadium des Populismus verstehen: perfekt, weil an die Macht gekommen, pervers, weil nicht gegen den Staat das Land (zurück-)erobert wird, sondern umgekehrt der Staat erbeutet worden ist, um im Land andere Verhältnisse zu schaffen, soll heißen: Gewalt wird in Geschenke für die Gefolgschaft verwandelt (Priester 2007, 218 f.). Eine soziale Ersatzmonarchie, gewissermaßen. Soweit sind wir einstweilen noch nicht; andererseits ist eine programmatische Annäherung an den starken und schützenden Souverän schon jetzt kaum zu übersehen. Früher einmal hat Le Pen sen. die »Gestapo-Methoden« des (Steuer-)Staates angeprangert; einige Zeit später schien ihm ein Gleichgewicht des Schreckens zu herrschen: zwischen archaischem Staatssozialismus einerseits und globaler Ultra-Liberalität auf der anderen. Marine le Pen schließlich sollte die »réhabilitation de l'État« nochmals in großen Schritten vorantreiben: Wirtschaftslenkung, Finanzhoheit, Rückkehr zur nationalen Währung, Protektionismus und eine nationale Einheit gegen die Globalisierer stehen auf ihrem Programmzettel (Le Monde, 01.11.2011).

Dass man am Le Pen-Clan Gefallen findet, weil er mit dem (heutigen) Staat abrechnet und den (künftigen) Staat verkörpert, lässt sich an seiner Popularität ablesen. Gerade das Verlierermilieu wünscht diesen politischen Spagat: Anlässlich der jüngsten Regionalwahlen (Dezember 2015) haben 55 % aller Arbeiter dem FN ihre Stimme gegeben, während magere 15 % bei der Stange, sprich: den Sozialisten geblieben sind. ›Gemeine‹ Interessen können sich wohlbehütet fühlen: Rente mit sechzig, Verstaatlichung privater Unternehmen, Anhebung der Mindestlöhne, höhere Steuern für die Reichen, ein Ausbau des Angebots an öffentlichen Dienstleistungen. Um »Land und Leute weiterzubringen, will der *Front national* den Staat als ›Speerspitze‹ benutzen« (Mäder 2016).

Der Geschenkkatalog bedenkt zwar nicht alle Franzosen, doch alle, die gut französisch sind, d. h. keine ›heimatlosen‹ Keime mit sich herumtragen: also *das* Volk. Dieses weiß, was es will, spricht mit einer Stimme und widerspricht sich nie – wenn trotzdem verschiedene Parteien auf dem Wählermarkt miteinander konkurrieren, dann nicht darum, weil Unterschiede repräsentiert werden müssten. Denn was sich unterscheidet, ist verworren oder verkommen. Weder gleichzeitig im Kampf um, noch nacheinander bei der Ausübung von Macht sind Alternativen gefragt. Demokratie ist Volksdemokratie oder ein Volksbetrug. Das Credo des Ahnen gilt weiter: »Es wird Zeit«, hat bereits Napoléon III seinen Landsleuten zugerufen, »dass inmitten der Parteien eine Nationalstimme sich erhebe.« Eben seine, neben der es keine weiteren mehr braucht (Schönhuth 1852, 43). Auch die vielgerühmte »kommunikative Leutseligkeit« (Michael Erbe) des kaiserlichen *homme du peuple* lebt in der bürgerlichen Kopie fort. Das ›Volk‹ soll heute wie damals mehr sein als ein Platzhalter innerhalb des politischen Spektrums. Volk ist auch der kleine Mann, mit dem man spricht, von Mensch zu Mensch: »Statt auf großen Parteikundgebungen sucht Marine Le Pen ihr Publikum auf Pariser Wochenmärkten und Plätzen. [...] Im kleinbürgerlichen XII. Pariser Arrondissement verbringt sie einen Vormittag mit Händeschütteln und Gesprächen.« (Mönninger 2004) Unter dem Strich: Man hat keine Partei vor sich, sondern eine Front, welche kein Programm vertritt, sondern die Nation.

Wie jede Herrschaft ist auch die bonapartistische eine Art Gesamtkunstwerk. Paternalismus und Populismus sind zwei seiner Kernelemente. In deren Gefolge kommt ein drittes zum Vorschein: das Plebiszit. Es fungiert als zentraler Mechanismus, der die Regierenden mit den Regierten politisch kurzschließt: »In erster Linie beruht der Bonapartismus auf der plebiszitären Zustimmung zu seinem politischen Projekt.« (Rochedy 2013) Der erste Napoléon hat dieses Instrument eingeführt, dem dritten erschien es geeignet, seinen Staatsstreich zu legitimieren, und die Kaiserwürde ließ er sich auf dieselbe Weise beglaubigen. Auch für Le Pen sen. war das Plebiszit seit jeher ein probates Mittel, die entscheidungsfeindliche Gewaltenteilung auszuhebeln. Seine Tochter will da nicht zurückstehen: »Marine Le Pen tritt für eine plebiszitäre Demokratie ein, in bester bonapartistischer Tradition«, bei »allen Schicksalsthemen der Nation will sie das Volk direkt befragen.« Weshalb man mit Fug und Recht festhalten kann: »Le marinisme est une bonapartisme.« (Rochedy 2013) Wer auf das grandiose Plebiszit setzt, muss große Fragen stellen, »grands sujets qui engagent la destinée de la nation« (Rochedy), bei denen es am besten um alles geht, der ›bewährte‹ Kurs ins Unglück führt und das Ruder herumgerissen werden kann, falls die Menschen ihrem Messias folgen: Zum Bonapartismus gehört letztens auch »ein *Kult des Willens*, der Glaube daran, dass eine Handvoll Leute, angeleitet von einem visionären Genie, den Gang der Geschichte entscheidend verändern kann« (Couturier 2014). Weil des Volkes Stimme eine Kinderstimme ist, darf sie nicht das Sagen haben, sondern nur antworten und nachbeten, möglichst unisono, mindestens mit »überwältigender« Deutlichkeit. Die Logik des Plebiszits.

Alles zusammen macht die »bonapartistische Versuchung« (Couturier) aus, der das französische Volk ausgesetzt ist. Im ersten Durchlauf hat man es, so schon Lorenz von Steins Beobachtung, schließlich hereingelegt. Allein, Lerneffekte scheinen auszubleiben, andernfalls hätte der FN kaum Karriere machen können: »la vision d'un empereur moderniste et soucieux du bien commun« – mit Blick auf das große Vorbild, Napoléon III, zum zeitgemäßen Regierungsstil hochgejubelt und dem ausgelaugten Parteienbetrieb entgegengehalten (Bellon 2014) – übt immer noch ihren Reiz aus.

Nicht von ungefähr sind inzwischen besorgte Stimmen zu hören. Sie insistieren darauf, dass die kleinen Leute samt ihren Klagen respektiert werden müssten. Dazu bedürfe es mehr als mahnender Worte, guter Vorsätze, mitfühlender Gesten und ›integrativer‹ Symbole. Den etablierten (Alt- resp. System-)Parteien wird angeraten, das abtrünnige Lager besser nicht pauschal zu »dämonisieren«, weil in seinen Reihen neben ausgewachsenen »Rechtsextremisten« zahlreiche Irrläufer vertreten seien, deren weitere Reise auch ›zurück auf Start‹ führen könne, falls ihre Sorgen für bare Münze genommen würden (Geyer 2016). »Man muss mit den Leuten reden«, heißt die versöhnliche Devise. Worthelden möchten verhindern, dass der Wahnsinn Oberwasser bekommt. Genauer besehen ist das freilich ein deutsches Projekt.

In Frankreich kommen solche Versuche wohl zu spät, denn dort scheint sich der Spaltpilz so weit ins System hineingefressen zu haben, dass rhetorische Kapriolen und Konzessionen aus dem Schlamassel nicht mehr herausführen: Seine »gegenwärtige Krise erfasst nicht alleine die politische Mehrheit, sondern hat auch mit der politischen und sozialen Organisation zu tun. Eben deswegen schwindet das Vertrauen zwischen Bürgern und politischen Verantwortlichen mit jedem Jahr mehr.« Die Alternative, vor der sich Regierende in diesem Falle gestellt sehen könnten, lautet dann: »Bonapartisme ou Constituante« (Bellon 2014). Das Volk wird entweder anders *verfasst* oder neu *geführt*.

Bonapartismus oder Verfassungsreform – oder sind gar beide totgeborene Projekte? Wer Populisten wählt, tut es aus pauschaler Enttäuschung über den Status quo. Er hält die Demokratie für eine »bloße Fassade« (Pausch 2016) und hat wenig Grund, sich an deren Verschönerung zu beteiligen. Seine Endstation heißt *exit*, nicht *voice*. Vor dem genau umgekehrten Problem steht das populistische Lager – es müsste, da kein neuer Staatsstreich ansteht, Unterstützung (und Stimmen) aus Kreisen ohne Interesse am Ausstieg gewinnen. Welche Spannungen daraus erwachsen, ist daran ablesbar, dass der FN über viele Jahre hinweg von zwei ›Körpern‹ repräsentiert worden ist: hier Jean Marie Le Pen, Bauer, Fischer, Soldat, bekennender Antisemit, lautstarker Fremdenfeind, verdeckter Rassist; dort seine Tochter Marine Le Pen, die Kleinbürgerin (»la petite bourgeoise«), darum bemüht, diesen ›Stallgeruch‹ gegen ein eigenes Profil einzutauschen, das sie dem anständigen, auch ängstlichen Bürgertum näher bringt. Beide sind untrennbar verbunden – und unheilbar verfeindet. Keine Partei dieser Größenklasse hat jemals so viel ›Doppelköpfigkeit‹ für so lange Zeit vorexerziert.

Dahinter steckt freilich mehr als der erbitterte Streit in einer ›verkletteten‹ Familie – diese Unverträglichkeit reflektiert weniger persönliche Querelen denn politische Spannungen. Sie resultieren aus dem komplizierten Innen-/Außenspiel, das die populistische Strategie charakterisiert, auf den Punkt gebracht in Marine Le Pens Politik der »Entteufelung« *(dédiabolisation)*: »Der FN soll eine regierungsfähige Partei werden. Dazu bedarf es eines Bruches mit Jean-Marie Le Pen, was einige seiner polemischen Positionen und Einstellungen angeht.«[8] Ein Ritt mit dem Teufel ohne Teufel – nach der Farce kommt das absurde Theater. An Besucher gerichtet, die glauben, dieses Stück sei einfacher gestrickt als der komplizierte ›Plot‹ des bürgerlichen Trauerspiels.

8.4 Staatsjagd

Anlässlich der »Panama-Papiere« – einem riesigen Aktenstoß, der dokumentiert, dass weltweit Tausende von Scheinfirmen in abgelegenen Steueroasen gegründet worden sind, meist mit dem Ziel, (Steuer-)Staaten an der Nase herumzuführen, sind die Wellen der Empörung über das schlechte Benehmen fiskalischer ›Weltenbummler‹ wieder einmal hochgeschlagen (Süddeutsche Zeitung, 06.04.2016). Es stehen viele einfache Leute, deren bescheidenes Einkommen um des allgemeinen Wohls willen steuerlich geschröpft wird, gegen eine kleine, aber wachsende Zahl reicher oder gar superreicher Hintermänner, die es mit Hilfe findiger Anwälte und serviler Banken verstehen, ihre Milliarden rund um den Globus zu schießen. Fliegt Luxemburg auf, versucht man es mit der Schweiz, wird dort das Klima rauer, werden die Vermögen den Cayman-Inseln anvertraut. Was daran trotz allem beruhigt: Dieses Kapital »flüchtet«, seine Anleger sind in der Defensive, verbergen sich in einer »Dunkel-Wirtschaft« (Süddeutsche Zeitung) und müssen, sobald aufgeflogen, staatliche Sanktionen gewärtigen. Souveräne zeichnen sich dadurch aus, dass sie über eine Eingreifsreserve verfügen – egal wer es zu bunt treibt, muss mit Apparaten und Instrumenten rechnen (Ministerien, Aufsichtsbehörden, Finanzpolizisten, Staatsanwälten, Gerichten, Gefängnissen). Und mit Ergebnissen, die ihm nicht gefallen: »Unfähige politische Führer produzieren durch ihre falsche Politik massive Systemrisiken«, lamentiert stellvertretend Paul Singer, der milliardenschwere Hedgefonds-Manager, und hinterlässt dabei den Eindruck, als ob gegen staatliche Interventionen kein Kraut gewachsen sei (New York Times, 03.08.2011).

Tatsächlich ist die Sache verwickelter. Der Zufall will es, dass ausgerechnet ein Panama-Opfer vor Augen führt, wie leicht Regierende, wenn die Umstände danach sind, auch ›gelegt‹ werden können: »Mauricio Macri, 57, löste Ende vergangenen Jahres die umstrittene Präsidentin Cristi-

8 | www.lecarnetpolitique.com/2015/05/03/dediabolise-vraiment/2486/

na Fernandez de Kirchner ab – unter anderem mit dem Versprechen, sein von allen internationalen Finanzmärkten abgeschnittenes Land wieder zurück in den Kreis der vernünftig wirtschaftenden Nationen zu führen. Macri ist ein Unternehmer aus reichem Elternhaus, tritt als Saubermann und Versöhner auf. Er hat im Eiltempo den scheinbar unendlichen Streit Argentiniens mit US-amerikanischen Hedgefonds beigelegt, wofür ihm weltweiter Applaus zuteil wurde. Mit den Enthüllungen der Panama Papers droht nun sein mühsam aufgebautes Image Schaden zu nehmen.« (Süddeutsche Zeitung, 06.04.2016) Der Herr ist, abgesehen davon, dass er seine Amts-Aura verwirtschaftet, auffällig geworden, weil er in einem länglichen Streit seines Staates – mit jenem Paul Singer – kapituliert hat. Losgegangen ist die Geschichte damit, dass Argentinien praktisch zahlungsunfähig geworden war. Was bei Staaten eigentlich ausgeschlossen ist: »Die Insolvenzunfähigkeit des Souveräns prägt die Finanzverfassung aller Staaten. Staaten gehen nicht pleite!« Souveränität und Bankrott schließen sich aus, im Prinzip jedenfalls und unabhängig davon, dass Regenten immer mal wieder ihre Schulden nicht bezahlen konnten. Der Grund ist ganz einfach: Es »existiert keine übergeordnete Instanz, in deren Rahmen eine staatliche Insolvenz abgewickelt werden könnte: Staaten selbst sind die höchste Instanz und können als genuine Völkerrechtssubjekte keinem Insolvenzverfahren unterworfen sein. Außerdem genießen Staaten Bestandschutz« – so wie sie Besetzungen und Staatsstreiche überleben, so können ihnen auch Konkurse nichts anhaben. Anders gesagt: »Aufgrund ihrer Rechtsstellung und ihres Selbstzwecks als Souverän werden Staaten also nicht einem Unternehmen vergleichbar abgewickelt.« (Szodruch 2008, 21) *The King is never broke.*

Souverän ist, wer zahlen kann – auf diese Verengung würde der Vorschlag hinauslaufen, ein Insolvenzrecht für Staaten einzuführen, dessen ungeachtet, dass in diesem Fall keine regulären Gerichte tätig werden dürften, sondern z. B. ausgewählte ›Staatsmänner‹ zu richten hätten. Einen Vorgeschmack auf das, was dann »failing states« routinemäßig erwarten würde, liefern etliche Fälle von der Art des griechischen Staatsschulden-Debakels (2010 ff.): Abgesandte Funktionäre (EU, IWF etc.) zwingen Staaten zu Sparmaßnahmen, »die das soziale Gefüge gefährden und tief in das Leben von Millionen Menschen eingreifen« (Arte, 24.07.2015). Wie Konkursverwalter die bankrotte Firmen sanieren sollen. Wenn Staaten einander derart gemein machen, muss sich niemand darüber wundern, dass gemeine Menschen sie in gleicher Weise behandeln und zu der »rohen Auffassung« (Hegel) kommen, Hoheitsträger seien nichts anderes als Handelspartner, über deren Verhalten noch Höhere richten sollen. Das müssen nicht einmal eigens geschaffene Schiedsinstanzen sein, auch ganz normale Gerichte kommen in Frage – um die Nivellierung, ggf. auch Kriminalisierung an ihr logisches Ende zu bringen. Immer aber treten Tribunale in Erscheinung, die Staaten und Unternehmen als gleichberechtigte Parteien behandeln. Überschriften wie diese sprechen Bände: US-Gericht zwingt Argentinien in die Staatspleite, Argentinien will US-Gerichtsurteil mit Anleihetausch aushebeln, Argentinien startet Anzeigen-Kampagne gegen ›Geier-Fonds‹; schließlich, um die Symmetrie der Schlammschlacht auf einen Nenner zu bringen: »Duell der Erpresser« (Der Spiegel).

Nun haben Regenten, wenn es um Ressourcen geht, seit undenkbaren Zeiten Probleme damit, ihre Souveränität zu behaupten, im wirklichen Leben sowieso, doch auch die Dogmatik kommt da ins Gedränge. So erklärt Jean Bodin, ihr Begründer, einerseits: »Souveränität wird weder durch irgendeine Gewalt, noch durch menschliche Satzung, noch durch eine Frist begrenzt« – souverän ist demnach einer nur dann, wenn er »allein Gott als Größeren über sich anerkennt«. Darin eingeschlossen sei das Privileg, »auf keine Weise den Befehlen eines anderen unterworfen« zu sein oder sich an eigene Vorgaben halten zu müssen (Bodin 1982, 20 f.). Gleichwohl wird dem Souverän nur im äußersten Notfall zugestanden, privates Eigentum zu konfiszieren, weil »nämlich kein Fürst die Macht hat, seinem Volk nach Gutdünken Steuern aufzuerlegen oder den Besitz eines andern einzuziehen« (Bodin 1982, 31). Dem tastenden Schritt, den Abstand zwischen Regent und Regierten zu reduzieren, folgt die resolute Gleichschaltung, sobald Verträge ins Spiel kommen: »Ein Vertrag«, heißt es dann, »ist eine zweiseitige Angelegenheit zwischen Fürst und Untertan. Er verpflichtet beide Seiten wechselseitig.« (Bodin 1982, 28) Egal ob Bodin den Eigentümer oder das Eigentum schützen wollte, und einmal abgesehen davon, wer die Eigentumsverletzung ahnden würde – der Souverän sinkt in solchen Fragen zum Partner herab. Von da bis zum »Duell der Erpresser« ist es nicht mehr weit.

Als Schutzwall gegen souveräne Annexionsgelüste haben politische ›Hebelkräfte‹ indessen mehr bewirkt als die göttliche Supervision. Man erinnere sich an die Geldnöte Bayerns Wilhelm (den Frommen) – ihm wurde angetragen, die Aufstockung seiner Apanage mit der Religionsfreiheit zu bezahlen, ein Tauschangebot, das sich vor modernen Kuhhandel-Usancen keinesfalls verstecken muss. Das historische Paradeexempel ist aber England, dessen Könige seit Johanns (»ohne Land«) Tagen finanzieller Nöte wegen Souveränitätseinbußen hinnehmen mussten. Doch ist den Engländern 1694 auch eine patente Lösung eingefallen, um der Staatskasse genügend Geld zuzuführen, ohne ihren königlichen Verwalter über Gebühr zu drangsalieren: die »Bank von England«. Deren Ratio, dem Plädoyer des zeitgenössischen Aktienhändlers (!) Simon Clement entnommen, sah so aus: »Die Nation hat einen teuren Krieg geführt und nicht genügend Mittel besessen, um notwendige Schritte zu finanzieren.« Zunächst ging es tatsächlich in Richtung einer ›argentinischen Lösung‹: Die Regierung bezahlte mit Schuldverschreibungen, die von den Lieferanten mit deutlichem Verlust weiterverkauft worden sind. Deren Käufer vermochten hohe Gewinne zu realisieren, sobald sie in entspannteren Zeiten diese Papiere dem Schatzamt wieder vorlegen konnten. Was besorgte Beobachter als Fehlentwicklung eingestuft haben und korrigieren wollten: »Um diesem Übel abzuhelfen, schlagen gewisse Gentlemen vor, eine Bank zu errichten, die £ 1.200 000 Bargeld verleihen soll – zu einem Zinssatz, der deutlich unter dem liegen sollte, dessen sich die Schuldschein-Käufer erfreuen durften.« Was denn auch geschah, mit Hilfe einer Subskription und zur Zufriedenheit aller Beteiligten: »All which was performed to the mutual satisfaction of both the government and the subscribers.« (Clement 1707, 8 f.)

Eine königliche Bank und königliche Zinsen – soweit ist man dem Regenten damals entgegengekommen, um ihm die Zumutung zu ersparen, sich auf Geldmärkten mit »Erpressern« duellieren zu müssen. Nicht aus Mitleid ist das geschehen, sondern der Räson wegen: »Für jede Monarchie«, diese Einsicht Blackstones galt auch für Bankgeschäfte, »ist es unabdingbar, dass sich der Herrscher nicht alleine durch pompöse Äusserlichkeiten von seinen Untertanen absetzt.« Majestäten durften, um solche zu bleiben, weder der Tauschwelt noch dem Rechtsverkehr im selben Maße unterworfen sein wie ihre Untertanen.

Die Dezenz der Regierten und die Aura des Regenten – beides ist heute vom Erdboden verschwunden. In einer Zeit, da Nationen dem »rating« privater Organisationen (Standard & Poor's etc.) unterliegen, dürfen Souveräne keine spezielle Rücksicht erwarten. Argentiniens Konflikt mit den Hedgefonds mag in mancher Hinsicht eigentümliche Verlaufslinien zeigen, doch als *Machtspiel* ohne Grenzen und Skrupel ist er symptomatisch. Anders als weitere – vergleichsbereite – Gläubiger wollte besagter Paul Singer das Spiel spielen, dem Staat Beine machen und ihn in die Knie zwingen. Er hat den Souverän, diesen zumindest, wie einen renitenten Bankrotteur behandelt, dessen ganzes Trachten darauf abzielt, sich dem strengen Recht, nachdem es einmal gesprochen war, zu entziehen. Die Sache ist aus seiner Sicht ganz einfach: Verträge sind geschlossen worden und einzuhalten, das Gerichtsverfahren als ultima ratio wurde von allen Beteiligten akzeptiert. Dass der Staat aus fiskalischer Notwehr gehandelt hat, ändert an der Rechtslage nichts. Als Singers Prozessgegner tritt, so betrachtet, eine juristische Person namens »Staat« auf, deren »great and transcendent nature« (Blackstone) sich so weit abgenutzt hat, dass sie den ordinären Schuldnerstatus keinen Augenblick lang transzendieren kann. Gleichwohl: Üblich sind in solchen Fällen Kompromisse. Singer weicht davon ab, weil ihm das Unübliche, der Gerichtsprozess, entgegenkommt. Sieht er sich doch auf einem Kreuzzug nicht alleine gegen diesen oder irgendeinen anderen Staat, sondern gegen die Souveränität als Prinzip, soll heißen: den Anspruch, im Namen höheren (als des bürgerlichen) Rechts Marktgesetze nach eigenem Gutdünken zu beugen. Solange sich staatliche Arroganz für Singer rechnet und ihre Sünden (Verschuldung) als Segen (Schuldverschreibung) ankommen, nimmt er sie allerdings hin.

Wie tief diese Staatsfeindschaft reicht, zeigt sich spätestens dann, wenn sie nicht »Schurken« trifft, sondern Regierende belästigt, deren einziges Vergehen darin besteht, zu tun, was ihr ›Job‹ ist: das Regieren. Wie im Falle des deutschen Atomausstiegs, der, ginge es nach dem schwedischen Staatskonzern Vattenfall, den Steuerzahler teuer zu stehen kommen würde: 4,7 Milliarden Euro als Entschädigung für die Stilllegung seiner Atomkraftwerke (Süddeutsche Zeitung, 15.10.2014). Regieren als geschäftsschädigendes Verhalten, welches bestraft zu werden verdient. Die deutsche Regierung will ihre Energiepolitik ändern und soll Vattenfall für dadurch entgangene Gewinne entschädigen; Philip Morris (»Marlboro«) attackiert Uruguays strenge Rauchergesetze, seine Schadenersatzforderungen für diese »indirekte Enteignung« belaufen sich auf vier Milliarden Dollar; Chevron verklagt Ecuador, weil das Unternehmen für alte Umweltschäden aufkommen soll etc. pp. »Wie Konzerne Staaten vor sich hertreiben« (Die Zeit, 27.03.2014) – das kann man seit einiger Zeit lernen und dabei auch beobachten, wie Souveräne sich gemein machen (müssen): taktieren, schachern, verhandeln, prozessieren. Politik, kurz gesagt, gibt nichts mehr vor, sie spielt mit.

8.5 Gelächter, Gezeter

Regierende haben es schwer, sobald sie sich irgendwo »einmischen«, weil ihre Gegenüber meist schon länger da sind und mehr von der Sache verstehen. Deshalb ist es keineswegs automatisch so, dass Anstand ihnen Achtung verschafft. Im Gegenteil, gerade wenn aufrechte Politiker wie treue Buchhalter oder solide Kassenwarte auftreten, deren höchstes Ziel es ist, »schwarze Nullen« zu schreiben, kann es schon einmal passieren, dass hämische Geldvirtuosen sich einen Jux aus ihrem Biedersinn machen.

Zum Beispiel Banker wie jene Iren, deren Dialog heimlich aufgezeichnet wurde und, kaum dass ihn die Sonne an den Tag gebracht hatte, für allgemeine Entrüstung gesorgt hat. Denn sichtbar geworden ist ein wahrer Abgrund an Politikverachtung: »Trotz der verheerenden Folgen ihrer Pleitewirtschaft scheinen die Topmanager bei der Anglo Irish Bank im Jahr 2008 nicht an Gewissensbissen gelitten zu haben: Er habe dem Staat einen Kapitalbedarf von sieben Mrd. Euro genannt, sagte der Leiter des Kapitalmarktgeschäfts der Bank, John Bowe, einem Kollegen. Diese Summe sei frei erfunden, er habe sie sich ›aus dem Arsch‹ gezogen, prahlte Bowe in einem mitgeschnittenen Telefongespräch mit seinem Kollegen David Drumm. Tatsächlich war schon kurze Zeit später klar: Der Kapitalbedarf war weitaus größer. Drumm kann dagegen bei dem Gedanken daran, dass das Institut der Zentralbank versprochen hat, einen Überbrückungskredit sobald wie möglich wieder zurückzuzahlen, vor Lachen kaum an sich halten: ›Ich muss gleich die Unterwäsche wechseln!‹ Auch dass die Regulierer fürchten, das Bankhaus könne die Staatsgarantie missbrauchen, ist ein echter Brüller – denn genau das haben die beiden vor: ›Wir werden natürlich nichts evident Rechtswidriges tun, aber [...] wir müssen das Scheißgeld reinbekommen‹, meint Drumm zu Bowe. Für die deutschen Großinvestoren, die ihr vom Institut dringend benötigtes Geld nach der Staatsgarantie bei der Anglo Irish Bank anlegen wollten, haben Drumm und Bowe nichts als Verachtung übrig: ›Deutschland, Deutschland über alles‹, fängt Bowe bei dem Gedanken an die ›Scheißdeutschen‹ zu singen an.« (n-tv, 26.06.2013) Die Herren Banker kugeln sich vor Lachen. *Laughing at Leviathan.*

Bedingungen der Möglichkeit solcher ›exterritorialen‹ Spaßvögel? Man tut jedenfalls gut daran, ihre Ergüsse nicht vorschnell als pubertäre oder vulgäre Ausrutscher abzutun, Indizien für eine missratene Mentalität, aber kein Ausfluss des Milieus. Derartige Witzbolde sind lange genug zivilisiert worden, um mehr als nur sich selbst auszudrücken. Der Blick hinter die Kulissen lehrt, dass diese Spezialkultur von Charakteren geprägt wird, deren Verantwortungskurve mit zunehmender Verweildauer gegen Null tendiert: »Dass solche Typen bei Reformen die Führung übernehmen oder bei Missständen Alarm schlagen, kann man getrost vergessen.« (Luyendijk 2015, Pos. 2378) Was hier durchscheint, ist der Exit einer asozialen Profession, deren Position es gestattet, ja nahelegt, Schuldgefühle konsequent abzutöten. Moderne, ausdifferenzierte Gesellschaften kennen – man denke zurück an Thomas Wilsons Wucherlizenz – keine »Sünde«, wenn Handlungen alleine das Geld und nicht (auch) Gott betreffen. Warum sollte jemand beichten müssen, dass er eine Bundesregierung (den Währungsfonds, die EU-Kommission etc.) an der Nase herumgeführt hat? Regierende flößen nur so viel Respekt ein, wie sie sich selbst beschaffen.

Dass in einem Staat, dessen Wirtschaftselite systemrelevanten Zynismus zelebriert, etwas faul ist, haben auch manche ›Borderline-Figuren‹ gesehen. Schon 2009 hat Stephen Green, seines Zeichens Vorsitzender des britischen Bankenverbands, darauf insistiert, dass man den Menschen im Banker mit Moral eindecken müsse: »Ein besseres Risikomanagement, eine bessere Regulierung, klare Verantwortlichkeiten in den Führungsgremien, all dies ist notwendig. Doch es kann eine Kultur der Werte nicht ersetzen. Als Privatpersonen richten wir unser Verhalten nicht nur an dem aus, was das Recht oder die Aufsicht zulässt. Wir halten uns an unseren eigenen Verhaltenskodex. Wir übernehmen Verantwortung für unsere Handlungen. Eine Kultur der Werte« sei »die *Conditio sine qua non* für die Wiederherstellung des Vertrauens in den Markt – und damit das Wohlergehen der Gesellschaft.« (Die Zeit, 04.09.2009) Selbst wenn ein derartiges Unterfangen Aussicht auf Erfolg gehabt hätte (wofür nach einigen Probejahren bekanntlich nichts spricht), wäre für den guten Ruf der Regierenden kaum etwas abgefallen. Ganz im Gegenteil, spricht aus ihm doch die Überzeugung, dass sie auf diesem Terrain schlechterdings nichts verloren haben, weil der *Markt* seine Autorität regenerieren müsse. Überspringt das Argument dessen Grenzen tatsächlich einmal, dann lässt es den Souverän mit schöner Regelmäßigkeit aus – er bleibt eine Leerstelle zwischen Mensch und Welt: »Viele Banken«, heißt es, formuliert von anderen Aufsehern (dem »G 30«-Gremium), betrachten Kunden »zunehmend als Gegenspieler und Spielmasse. Auch nutzten sie ihren Informationsvorsprung gegenüber Bürgern und Unternehmen, um Geschäfte zu deren Lasten und zum eigenen Nutzen zu tätigen. Und schließlich schufen sie aus bloßer Profitgier Produkte, deren Risiken am Ende niemand mehr durchblickte und deren ungebremste Verbreitung sich als fatal für das Weltfinanzsystem erwies.« (Süddeutsche Zeitung, 30.07.2015)

Wenn sich der Staat in dieses Denken überhaupt einschleichen kann, dann nur negativ: Man nimmt ihn als Bedrohung war – und teilt ihm, sobald er Anstalten machen könnte, den Augiasstall auszumisten, vorsorglich mit, die Aufgabenerledigung sei bereits auf dem besten Weg: »Die Banken müssen nach der Finanzkrise das Vertrauen der Gesellschaft wieder zurückgewinnen. Das betrifft die Deutsche Bank genauso wie die gesamte Branche. Wir haben uns zum Ziel gesetzt, bei dem unabdingbaren Wandel in der Branche eine Vorreiterrolle zu übernehmen: Der Kulturwandel war somit ein ganz wesentlicher Fokus unserer Strategie 2015+ und die Unternehmenskultur bleibt wesentlicher Bestandteil unserer Strategie 2020. Das Senior Management trat dazu seit 2012 in einen umfassenden Dialog mit Mitarbeitern und Führungskräften ein. Ein zentraler Schritt: die Einstellungen und Ziele unserer Mitarbeiter mit den Bedürfnissen unserer Kunden und der Gesamtwirtschaft in Einklang zu bringen.«[9] Offenbar sind die »Verantwortlichen« ins Schwitzen und Schwätzen gekommen – aber so ungleichgewichtig, dass sie inzwischen schon wieder geschasst werden mussten.

Die Kehrseite des Gelächters und der Verachtung ist eine genauso selbstsichere Wehleidigkeit, erneut am deutlichsten dort zu spüren, wo es am wenigsten Grund dazu gibt. Steinreiche Spekulanten zetern, sie würden politisch verfolgt und womöglich physisch ausgerottet. »Ich möchte«, klagt einer von ihnen, »die Aufmerksamkeit auf eine Parallele lenken: zwischen einerseits dem faschistischen Nazi-Deutschland und seinem Krieg gegen das ›eine Prozent‹, nämlich die Juden, und, auf der anderen Seite, dem Krieg der Progressiven gegen Amerikas ›eines Prozent‹« – worunter er seinen Menschenschlag, die Reichen, fasst. »Von der Occupy-Bewegung bis hin zur Dämonisierung der Reichen«, so geht das Lamento weiter, sei eine »Flut des Hasses« auf die Erfolgreichen zu beobachten – mit dem Potenzial, eine neue »Kristallnacht« auszulösen (Perkins 2014). Der »klagende Krösus« (Surowiecki 2014) ist kein Einzelfall, gleich ihm machen sich andere lautstark Sorgen um ihr sorgenfreies Leben, und von

9 | www.db.com/cr/de/konkret-kulturwandel.htm

einer hohen Dunkelziffer des Leidens kann man ausgehen, schon darum, weil sich das Sprachrohr der Opferklasse den Alarmruf zu eigen macht (Wall Street Journal, 28.01.2014).

Den Reichen reicht's. Es sei denn, der Klagelaut wäre ihr normaler Tonfall geworden – nach Jahren, in denen sie, überraschend oder nicht, ganz anders drauf gewesen sind: »Da haben Wirtschaftsführer eine wichtige Rolle gespielt, wenn es darum gegangen ist, pragmatische und ausgewogene Lösungen für die Probleme der Nation zu finden.« (Mizruchi 2013) Gemeint sind die drei Jahrzehnte nach dem Zweiten Weltkrieg. Damals standen diese Leute noch nicht wie ein Mann hinter den Republikanern, geschweige denn dass sie sich an die Spitze populistischer ›Staatsfeinde‹ gesetzt haben (von denen es damals auch schon welche gab). Stattdessen hat man Dinge befürwortet, die heute als Teufelszeug gelten: »Vollbeschäftigung, höhere Staatsausgaben für Erziehung und universitäre Forschung, eine allgemeine Krankenversicherung und vielfältige Steuererhöhungen, darunter auch Sonderabgaben für Großkonzerne.« (Mizruchi 2013) Die Differenz erklärt sich weniger daraus, dass das Fell der Reichen vielleicht dünner geworden ist; den Ausschlag hat etwas anderes gegeben: Heute können sie es sich *leisten*, als gefährdete Art zu paradieren, weil ihnen niemand, auch keine Regierung, mehr Vernunft beibringen und Verantwortung abringen kann: »Wenn diese Nörgelfritzen derzeit mehr mit dem Zustand ihrer Egos als mit dem der Nation befasst sind, dann liegt das auch daran, dass ihr eigenes Schicksal heute nicht mehr so eng mit der allgemeinen Lage verbunden ist, wie das früher einmal der Fall war.« (Surowiecki 2014) So weit hat die Globalisierung diese Bande inzwischen gelockert, dass im eigenen Land nur noch das Herz schwer wird. Einen anderen Grund zur Klage haben sie nicht.

Beide Reaktionen, Gelächter und Gezeter, reflektieren Distanzierungslaunen, die sich auch deshalb ungehindert ausbreiten können, weil ihre privilegierte Infrastruktur der Laune freien Lauf lässt. Wohnen, Mobilität, Ausbildung, Freizeit: alles passiert immer ›woanders‹ – in abgeschiedenen Villen, bewachten Wohnanlagen, privaten Schulen, elitären Universitäten, exklusiven Golfclubs, fernen Steueroasen, mobilen Aktienpaketen, virtuellen Vermögenswerten. Für den inneren Zirkel ist das »ganze System der westlichen Welt« im Prinzip irrelevant. Seine Mitglieder können »sich freikaufen. Diese Leute brauchen nicht einmal einen Ausweis, um international zu reisen. Sie haben Privatflugzeuge, keine Passkontrolle, keine Gepäckkontrolle, sie gehen, wohin sie wollen, wann sie wollen« und finden (fast) immer »einen Weg, Gesetze zu umgehen.« (Harrington 2016)

Unter dem Strich: eine Sonderwelt der steinreichen Selbstsegregation und ein »gezinktes Spiel« (Reich 2012), das für die restliche Menschheit dermaßen weit weg ist, dass sie sich angewöhnt hat, diese exotische Szenerie so andächtig zu beglotzen wie früher einmal französische Bauern das Versailler Königsschloss an Tagen der offenen Tür: »*Secret Lives of the Super Rich* schließt Dir die Eingangstore der Villen auf und ermöglicht Dir den ultimativen VIP-Zugang zu einer exklusiven Welt der unvorstellbaren Extravaganz und des unermesslichen Reichtums. Diese Serie zeigt dem Zuschauer nicht alleine atemberaubende Preisschilder, schlossähnliche Landhäuser und funkelnde Luxuslimousinen; sie präsentiert auch einige der weltweit reichsten Leute, enthüllt den nimmersatten Appetit nach dem Besten des Besten und verrät das Geheimnis ihres sensationellen Erfolgs.« (CNBC)[10]

10 | www.cnbc.com/live-tv/secret-lives-of-the-super-rich

9 Leichtigkeit und Last

Es gebe, stellt Max Weber fest, zwei Politikertypen. Eher wenige leben, beobachtet er, *für* die Politik, fühlen also eine Berufung dazu, wollen etwas bewirken (nicht zuletzt daran abzulesen, dass ihr Einkommen aus einer anderen Quelle stammt); die meisten aber würden *von* der Politik leben – sie sei eben ein Beruf unter anderen und sichere den Lebensunterhalt. Taten versus Tantiemen (Weber 1993). Aber was wären Taten? Weber träumt jedenfalls nicht oder nur in seltenen Augenblicken von jenem »Weltgeist zu Pferde«, der mit spektakulären Entscheidungen, heldenhaften Aktionen und großartigen Plänen aufwartet. Deren Zeitfenster öffnet sich kaum jemals, außerdem nur für kurze, außerordentliche Augenblicke. Wer ohne Moment und Momentum Großes vollbringen will, ist ein »Windbeutel« (Weber). Dagegen steht, was von Normal-Regierenden im politischen Alltag verlangt wird, nämlich »ein starkes langsames Bohren von dicken Brettern mit Leidenschaft und Augenmaß zugleich«. Für sie ist Bewegung Belohnung. Ganz ohne intrinsisches Motiv müssen freilich (noch) kleinere Geister auskommen, deren Politikerleben mit fortlaufender Frustration garniert ist (Weber 1993, 82f.). Kompensiert werden sie durch die Annehmlichkeiten ihrer Profession. »Von der Politik« zu leben, hat auch seine Reize, monetäre ebenso wie symbolische: Pfründe, Privilegien, Posten, Publikum haben schon manchen Däumling wachsen lassen. Das Verhängnis dieser Leute liegt darin, dass ihr wichtiges Leben am dünnen Faden ihrer mageren Leistung hängt. ›Wohlfahrtsstaat gegen Massenloyalität‹ steht unter dem Strich einer langen Liste von Dingen, die das Wahlvolk nicht nur hierzulande von seinen Regenten vergeblich erwartet. Wer nicht ›liefert‹, riskiert abgewählt zu werden. Dieses Risiko variiert, loyale Wähler etwa werden warten können, doch Loyalität ist ein endliches Gut, geht sie zur Neige, sind Alternativen gefragt. Unter solchen Auspizien haben Methoden des ›leichten‹ Regierens Eingang ins

Handlungsarsenal gefunden: Man leistet (»output«), ohne etwas zu leisten (»outcome«), und spekuliert darauf, dass die Differenz nicht auffällt.

Doch was geschieht, wenn Ernstfälle, Kriege zumal, in diese Routine einschlagen? Davon hat es zuletzt ja mehr als genug gegeben. Dass sie ihre Gestalt gewechselt haben und als terroristische Gewaltattacken aufgetreten sind, ist – nach 9/11 – die Ursache für manche Irritation gewesen. Gewiefte Regenten muss das aber keineswegs aus dem Tritt bringen. Losungen ersetzen Lösungen. Momente des Taumelns lassen sich als Augenblicke des Entscheidens vermarkten, selbst dann, wenn es eigentlich gar nichts zu entscheiden gibt, weil die Handlung teils von feindlichen Schachzügen, teils vom eigenen Sicherheitsapparat bestimmt wird. Ein Weltgeist auf dem Schaukelpferd – so sieht »große Politik« (Carl Schmitt) in Zeiten der leichten aus.

9.1 Die Kraft des Hebels

Ohnmacht kann auch ins Gewand ihres Gegenteils schlüpfen: Allmacht. Nicht göttliche, sondern eine clevere: die Politik der *Patentlösung*. Darauf ist man schon früher verfallen. Das spektakulärste unter den einschlägigen Projekten bleibt bis heute Jeremy Benthams vielzitiertes »Panopticon«, ein wahres Wunder(bau)werk, dem es mit stupender Leichtigkeit gelingen soll, Gesellschaften von ihren Leiden, den sozialen jedenfalls, zu erlösen (Foucault 1977, 251 ff.): »In einem Wort«, preist Bentham seinen Geniestreich an, »man kann es für alles einsetzen, was sich in umbauten Räumen realisieren lässt und darauf abzielt, eine Anzahl von Personen zu überwachen. Die Zwecke sind völlig beliebig und können sich sogar widersprechen: sei es, dass der Unverbesserliche bestraft oder der Irrsinnige bewacht werden soll, sei es dass man den Lasterhaften erziehen oder den Verdächtigen einsperren will, sei es, um Faulenzer zu bessern oder Hilfsbedürftige zu versorgen; desgleichen können in solchen Anlagen Kranke geheilt, Arbeitsame (in welchem Beruf auch immer) ausgebildet und der Nachwuchs unterrichtet werden. In einem Wort: ob Kerker oder Todeszelle, Untersuchungsgefängnis, Besserungs- oder Erziehungsanstalt, ob Arbeitshaus, Fabrik oder Irrenanstalt, ob Krankenhaus oder Schule – diese Architektur funktioniert immer.« (Bentham 1962, 40) »To say all in one word« – alle Fliegen mit einem Streich, einfacher geht's nicht.

Rund zweihundert Jahre später konnte man am überraschenden Ort (Kalifornien) und zu unpassender Zeit (»Reaganomics«) erleben, wie Regierende ihren Masterplan, schlechte Menschen in gute Bürger zu verwandeln, auf ähnlich patente Weise ganz einfach zu erreichen gedachten und dabei einen völlig anderen, ihrer Ansicht nach zeitgemäßen Weg eingeschlagen haben. Welche Erfolgsstory ihnen vorgeschwebt hat, lässt sich dem umfänglichen Skript einer *Task Force to Promote Self-esteem and Personal and Social Responsibility* (Task Force 1990) entnehmen. »Ich glaube daran«, verkündet darin der damalige Gouverneur dem Publikum, »dass Erfolg in erster Linie eine Sache der Person ist. Menschen müssen, damit sie ihr Potential voll ausschöpfen können, über genügend Vertrauen und Mut verfügen, um sich den Herausforderungen, die vor ihnen liegen, zu stellen. Das Gefühl für den eigenen Wert und die eigene Bedeutung ist für Erfolg und die Erfüllung eines Menschen unabdingbar.« (Task Force 1990, V) Dieses Thema wird dann von eingeladenen Experten ausführlich variiert. Ihr drei Jahre währendes Projekt, schreiben sie, »hat gezeigt, dass Selbstachtung der gemeinsame Nenner aller Anstrengungen sein könnte, die amerikanische Art, Probleme anzugehen, neu auszurichten. Daraus leitet sich das Bekenntnis zu einer pro-aktiven Strategie ab, die Individuen und Gemeinden in den Stand versetzt, sich stärker einzubringen, wenn es geeignete Antworten auf die anstehenden Herausforderungen zu finden gilt. Im Gefolge dieser Prozesse entwickeln Leute die vier zentralen Bestandteile der Selbstachtung: sie verstehen sich als zugehörig, wirken sympathisch, erhalten ein Gefühl der Bedeutung und lernen den Wert harter Arbeit schätzen.« (Task Force 1990, 7)

Selbstachtung ist der Schlüssel, um auffällige Zeitgenossen, solange sie noch modelliert werden können, in den Schoß der Normalität zurückzuführen. Dass dabei unklar bleibt, was eigentlich was bewirkt, also Selbstachtung den Normalitätsgewinn oder dieser die Selbstachtung, hat der politischen Attraktivität des Vorhabens nicht geschadet. Zu verführerisch war sein Versprechen, einen sozialen Impfstoff (»a social vaccine«) mit Breitbandwirkung entdeckt zu haben. In angemessen hohen Dosen dem Patienten verabreicht, würde er die sechs Übel der Zeit kurieren: (1) Erziehungsfehler, Kindesmissbrauch, Schwangerschaften Minderjähriger; (2) Ausbildungsprobleme (Schulversagen, Studienabbruch); (3) Drogenmissbrauch; (4) Kriminalität und Gewalt; (5) Sozialfälle aller Art, inklusive Armut; sowie (6) Verhaltensprobleme am Arbeitsplatz. So die Zeitdiagnose des kalifornischen *Department of Education*.[1] Das, versprach man, sei keine Kur für Kalifornien, die nur unter dessen Sonne wirkt, sondern Versager aller Länder würden sich auf diese Weise am eigenen Schopf aus dem Sumpf ziehen können: »Niemand auf der ganzen Welt hat es so gut wie wir Kalifornier. Dies ist der Staat mit dem höchsten Wohlstand und Komfort. Auch in jeder anderen Hinsicht sind wir führend. Der übrigen Welt bleibt gar nichts anderes übrig, als uns zu beobachten und zu kopieren. Wir haben hier tatsächlich die große Chance, für alle anderen eine Modellgesellschaft aufzubauen, die Anstand mit Verantwortung paart, in der die Wirtschaft floriert und das Zusammenleben funktioniert.« (Zit. in: Los Angeles Times, 05.06.1990)

Ein Bentham-Revival, gewissermaßen, jedenfalls was die *idée fixe* angeht, es gebe eine leichte Lösung für Schwerenöter. Unterstellt, Selbstbewusstsein und Sozialverhalten seien tatsächlich verschwistert – wie müssen wir uns dann den Prozess vorstellen, der andere Leute dazu bringt, mehr von sich zu halten? Und wer hält diese Therapie durch? Die Antworten der konsultierten Experten laufen im Grundsatz darauf hinaus: Richten wird es eine positive Pädagogik, vermittelt von eigens präparierten Experten (Lehrern, Beamten, Sozialarbeitern) – davon würden werdende Problemmütter (bzw. ihre geschädigten Kinder) genauso profitieren wie nichtsnutzige Schüler oder gewohnheitsmäßige Kiffer. Der Reformkatalog umfasst: eine landesweite Medienkampagne, Vorbereitung auf die Elternschaft als Teil der Schulausbildung, Fortbildungskurse in Selbstachtung für Lehramtskandidaten, Gremien zur Bekämpfung des Drogenmissbrauchs, Programme gegen Jugendkriminalität, Kindererziehungstraining, Vermittlung von Sozialkompetenzen für alleinerziehende Mütter oder auch Schulungsprogramme für Langzeitarbeitslose zur Entwicklung von Verantwortungsgefühl und vieles mehr. Selbstachtung als ein Allheilmittel der Sozialpolitik »for the entire world«, die, weil eben kein Kalifornien, bisher nicht darauf gekommen ist.

Umso größer musste das Elend unter den Wohlmeinenden gewesen sein, als die kalifornische Mixtur recht schnell in Misskredit geraten ist und nach drei Jahren wieder eingestellt werden musste. Selbst Aktivisten fanden plötzlich Haare in der Suppe: »Dieses Projekt«, so das vernichtende Verdikt eines desillusionierten Volksvertreters, »ist ein grandioser Schwindel. Für das, was es verspricht, gibt es keine Grundlage« (Los An-

1 | http://files.eric.ed.gov/fulltext/ED321170.pdf

geles Times, 05.06.1990). Die Stimme des Volkes konnte sich ihrer Sache so sicher sein, weil die der Wissenschaft bereits gesprochen hatte: »mixed, insignificant or absent« seien die Resultate des Experiments, das Selbstwertgefühl fürs Sozialverhalten zu instrumentalisieren. Unter dem Strich bleibe nichts übrig, zwischen beiden Variablen bestehe eine »non-relationship« (Smelser 1989, 15). Politische Alchemie.

Warum hat man einen Pfusch zur Politik erhoben, von Staats wegen, dazu praktisch über Nacht? Und, noch rätselhafter, wie konnte es passieren, dass der »Schwindel«, nachdem er aufgeflogen war, anderswo auf unverminderte Resonanz gestoßen ist? Denn an Kopisten war wahrlich kein Mangel: »Man richte sich«, warnt damals die *Los Angeles Times*, »darauf ein, dass eine neue Selbstachtungs-Welle von Kalifornien aus das Land und vielleicht sogar die Welt überflutet. 49 der 58 kalifornischen Landkreise haben mittlerweile einschlägige Projektgruppen installiert. Und die Ostküste will ebenfalls auf den fahrenden Zug springen. Maryland und Virginia haben Kaliforniens Modell kopiert und ebenfalls eigene, staatlich finanzierte Einrichtungen gegründet. Dort beabsichtigt man darüber hinaus, weitere Forschungen anzustellen, die auch herausfinden sollen, welche Zusammenhänge zwischen geringem Selbstwertgefühl einerseits und der kostspieligen Abhängigkeit von Drogen resp. Sozialhilfe andererseits bestehen. Darüber hinaus planen Gouverneure oder Gesetzgeber in Arkansas, Hawaii, Florida, Louisiana, Mississippi, Washington und Missouri Anstrengungen zu unternehmen, um ihrerseits die Selbstachtungs-Bewegung voranzubringen.« Auch Australien habe sich gemeldet, und Interessenten aus Spanien, England sowie Kanada seien vorstellig geworden. Als ob es sich tatsächlich um ein »modern-day miracle« handeln würde (Los Angeles Time, 05.06.1990). Um dieses Wunder zu erleben, muss man den Anfang als Ende ausgeben und das Problem als Lösung verkaufen: »In den 1990ern«, verkündet zuversichtlich der geschäftsführende Reformator, »haben wir die Möglichkeit, in unser Inneres vorzudringen. Wir können die Geheimnisse einer gesunden menschlichen Entwicklung entschlüsseln.« (Task Force 1990, 10) Wir, das sind die Regierenden. Ihr Kalkül ist verblüffend einfach: Kraft mal Kraftarm – wer den richtigen Hebel kennt, muss weder viel ausgeben noch viel nachdenken. »Law and Order«, bis dato ein ungelöstes Menschheitsproblem, gibt es nun fast über Nacht und fast umsonst.

Oder existiert eine geheime Agenda, die dem luftigen Unterfangen eine verborgene Raffinesse und Attraktivität verleiht? In diese Richtung weist der Gedanke, den Initiatoren gehe es tatsächlich darum, Benthams altes Programm der *Menschenführung* fortzuschreiben: Das kalifornische Projekt sei »kein Trick, kein Allheilmittel, kein abgekartetes Spiel, sondern eine Form des Regierens.« (Cruikshank 1999, 94) Während aber Bentham die Klienten als passive Masse versteht, die nach Belieben bewegt, geformt und gepresst werden kann, »aktivieren« seine Nachfolger ihre Adressaten, ja machen sie sogar für den Erfolg verantwortlich. Damit es Asoziale – Schmarotzer, Säufer, Schläger, Schurken, Kiffer – dahin bringen, anständige Menschen zu werden, soll ihr Selbstbild umgemodelt und aufgemöbelt werden. Der Haken dabei: Selbstachtung läuft auf Selbstzerstörung hinaus, weil Anstand das Letzte ist, was arme Schlucker und hartgesottene Schurken im alltäglichen Existenzkampf brauchen können. Soll heißen: Man benötigt erst einmal ›Menschen‹, um Menschen führen zu können – der springende Punkt, den erkannt zu haben Kaliforniens Selbstachtungsmissionare immerhin für sich beanspruchen dürfen. Damit mag zusammenhängen, dass sie die Schule als Schlachtfeld auffällig privilegieren: Hänschen soll offenbar lernen, was Hans nimmermehr lernt. Doch Hänschen hat Hansens Probleme nicht. Noch nicht.

9.2 Geheime Verführung

Das kalifornische Modell will gefährdete Menschen mental so stark machen (»to empower«), dass sie zu (selbst-)verantwortlichem Handeln finden. Was ihnen und ihren Mitmenschen »bekommt«, wissen die Regierenden: weniger Alkohol, mehr Disziplin, weniger Straftaten, mehr Rücksichtnahme usw. Selbst wenn das alles wirken würde, hätte der Souverän noch ein Problem: Selbstachtung schützt nicht vor allen Sünden, deretwegen ihm graue Haare wachsen. Gerade Zeitgenossen, die von ihrem Selbst eine sehr hohe Meinung haben, tun sich ausgesprochen schwer damit, dem Staat Steuern zu zahlen, derweil andere partout ablehnen, auf gesunde Nahrungsmittel umzusteigen. Ob Fettsucht oder Steuerflucht – *private vices* sind, anders als es Mandevilles Bienenfabel (1980) propagiert, keine *public benefits*; im Gegenteil, hier bleibt die Gemeinschaft auf hohen Kosten und großen Verlusten sitzen. Wie kommt man solchen Delikten samt ihren Kavalieren bei?

Eine Technik hat sich in den Vordergrund geschoben, zuerst theoretisch, später auch politisch, als mehrere Regierungen dazu übergegangen sind, damit zu hantieren. Sie legt es darauf an, Menschen in vernünftige resp. verantwortliche Verhaltensweisen unmerklich ›hineinzuschubsen‹ – *nudging* (Kahnemann 2012, Thaler/Sunstein 2009). Eigentlich gehört die Möglichkeit, durch gezielte (An-)Reize gewünschte Reaktionen auszulösen, zur Grundausstattung des Regierens. Wieder war Bentham der konzeptionelle Extremist. Seiner überspannten Vorstellung nach sollte das gesamte Spektrum menschlichen Verhaltens durch staatlich verabreichte Freud-und-Leid-Dosierungen – mal Prämien, mal Strafen – so gesteuert werden, dass die gesellschaftlich realisierte Glücksmenge maximiert wird (Bentham 1948). Menschen müssen wissen, was sie erwartet und von ihnen erwartet wird. Wenn manche derzeit dennoch viel Aufhebens um Anreize macht, dann darum, weil man eine Methode entdeckt haben will, die Benthams Gedanken ohne Benthams Grobheit realisiert.

Sie verfüge, teilt Englands Regierung, in dieser Sache die Speerspitze, selbstbewusst mit, über »innovative ways of encouraging, enabling and supporting people to make better choices for themselves«.[2] Dem Grundsatz nach eigne sich diese Art, Impulse sanft zu steuern, als *allgemeine* Form des Regierens – nicht darauf beschränkt, gewisse Spezialeffekte zu erzielen, sondern gut für allerlei Handlungen, deren Modifikation für Menschen vorteilhaft ist. Zum (häufig herangezogenen) Beispiel: Frisches käme gegen Fritten nur an, wenn Käufer Zeit hätten oder sich nehmen würden, über Fett nachzudenken – da aber Zeit knapp und die Vernunft langsam ist, muss man in den Regalen das Gesunde *vor* dem Gewohnten platzieren (Sunstein 2013). Eine Art Hilfe zur Selbsthilfe also, die, anders als bei Bentham, ihre Adressaten nicht hart stößt, sondern nur sanft schubst, so dass sich wehren könnte, wer etwas merken würde. Dies zu verhindern, heißt es weiter, sei die Aufgabe cleverer Präferenzlenker *(choice architects)*, wozu sich jeder zählen dürfe, »who helps shape the situations in which people encounter choices« (Thaler 2008).

Nudging – ein Regierungsinstrument, das einfach funktioniert, überaus menschenfreundlich ist und damit das Ende aller Zumutungen einleitet, für beide Seiten? Zweifel sind am Platz. Denn sobald »the wise« unter sich sind, machen sie deutlich, dass »the simple« wieder einmal bevormundet werden. Nicht bessere Entscheidungen »for themselves« sollen

2 | www.seeplatform.eu/casestudies/Behavioural%20insights%20Team

die Leute treffen, sondern das tun, was dem Staat zupasskommt: »Choices that bring us the outcomes we want.« (Thaler 2008) *We*, nicht sie. Warum sollte es auch anders sein? Säumige Steuerzahler bringen Zinsverluste, gefräßige Menschenkinder belasten das Gesundheitsbudget. Unter solchen Auspizien wäre es verrückt, den Leuten eine Wahl zu lassen, und am einfachsten, sie würden ihre Regulierung als Freiheit erleben: die Logik des »libertären Paternalismus« (Sunstein/Thaler 2003). Auf Vernunft ist kein Verlass, daher müssen Regierende »sachdienlich und unaufdringlich« dem Verhalten eine Gasse schlagen (Kahnemann 2012, 513). Freiheit als sachdienliche und unaufdringliche Bevormundung?

Man müsste um die Freiheit wohl besorgt sein, ginge das Schubserkalkül flächendeckend auf. In manchen Bereichen reüssiert es offenbar (Leute begleichen ihre Steuerschuld früher, wenn ihnen en passant mitgeteilt wird, dass sie hinter den Nachbarn herhinken), doch meistens liegt der Fall komplizierter; darum müssten Regierende, statt nur zu schubsen, doch die Mühen des »Bohrens« (Weber) auf sich nehmen. Diese Einsicht dämmert selbst dem hartgesottensten ›Anschieber‹: »Wir sind freilich besorgt darüber, dass die Präferenz für sanfte (»non-regulatory«) Interventionen zu politischen Entscheidungen führt, die nicht hinreichend berücksichtigen, dass es auch andere Maßnahmen gibt, mit deren Hilfe sich Verhalten wirksam verändern lässt.« Daher drängt er seine Auftraggeber, »die Entscheidungsträger darauf hinzuweisen, dass in vielen Fällen ›weiche‹ Maßnahmen, für sich allein genommen, kaum Wirkung erzielen werden – weshalb, wer sich auf sie stützen will, zuvor das ganze Spektrum politischer Eingriffsmöglichkeiten prüfen sollte«.[3]

So sorgt sich David Halpern, zu dieser Zeit noch Leiter der von Cameron eingesetzten *Nudge Unit* (Halpern 2015). Er deutet zugleich an, dass hinter diesem Vergessen nicht einfach Vergesslichkeit steckt, sondern eine Verführung: Politiker ersparen sich Konflikte mit Interessenten, deren Gewinne geschmälert würden, müssten sie ihre Produkte ›vernünftiger‹ gestalten (weniger Zucker, kleinere Flaschen o. Ä.): »Wären andere Organisationen in das Verhaltensänderungsprojekt der Regierung mit einbezogen, könnte das eine wertvolle Verstärkung bedeuten, vor allem deshalb, weil mehrere Boten dieselbe Botschaft verkünden. Daher sind die Anstrengungen der Regierung, solche Bündnisse zu schaffen, grund-

3 | www.publications.parliament.uk/pa/ld201012/ldselect/ldsctech/179/179 11.htm

sätzlich zu begrüßen.« Allerdings »muss man ernsthaft daran zweifeln, dass freiwillige Absprachen mit kommerziellen Partnern effektiv sind, speziell dann, wenn sie zu Interessenkonflikten führen.«[4] Gegebenenfalls muss freiwilliges Wohlverhalten bei denen, deren Hilfe gebraucht wird, eben mit dem gehörigen Nachdruck eingefordert werden: »Die Regierung sollte klar kommunizieren, was sie aufgrund ihrer Erkenntnisse von den Unternehmen erwartet und welche Schritte sie unternehmen wird, um ihre Ziele zu erreichen, wenn freiwillige Vereinbarungen nicht zustande kommen oder sich als unwirksam erweisen.« Die Regierenden zogen es dagegen vor, sich von der Freiwilligkeit Wunder zu versprechen (was sie einen »balanced approach« nannten)[5], und haben ihre *Nudge Unit* rechtzeitig ins freie Wirtschaftsleben entlassen.

Sie wussten, was sie taten. Wer das Terrain der Freiwilligkeit verlässt, wird unter den gegebenen Machtverhältnissen schnell merken, dass sein Ausflug riskant ist – egal ob es um Atommeiler (Vattenfall) geht oder Limonadeflaschen betroffen sind. An Letzteren hat sich einst New Yorks damaliger Bürgermeister Michael Bloomberg die Zähne ausgebissen; genauer gesagt: beim Versuch, den gesundheitsschädlichen Verbrauch zuckerhaltiger Getränke per Dekret einzudämmen. Dessen unaufhaltsamer Anstieg geht hauptsächlich auf das Konto der Produzenten – sie haben ihre Produkte konsumsteigernd in immer größere Behältnisse abgefüllt (das Flaschenvolumen hat sich seit den 1950er Jahren rund verdreifacht, wobei der eigentliche Clou darin liegt, dass die Fixkosten jenseits einer bestimmten Größe konstant bleiben). Dem sollte Bloombergs Verbot extremer Flaschengrößen (über 0,5 Liter) einen Riegel vorschieben. Wer unbedingt viel trinken wollte, sollte ein bisschen schwerer tragen müssen. Die Reaktion ließ nicht lange auf sich warten: »Der Plan des Bürgermeisters, als neuer Ansatz des Kampfes gegen die Fettsucht vorgestellt, stieß weltweit auf Neugier, provozierte Diskussionen und löste Ärger bei der amerikanischen Getränke-Industrie aus. Diese startete eine Multimillionen-Kampagne, um den Vorstoß zu stoppen«. Deren Höhepunkt war eine Klage gegen Bloombergs Kappungs-Putsch, die vom Gericht positiv beschieden wurde, weil diese Maßnahme einen »great administrative Levia-

4 | www.publications.parliament.uk/pa/ld201012/ldselect/ldsctech/179/17908.htm

5 | www.gov.uk/govement/uploads/system/uploads/attachmentdata/file/60538/GovernmentResponse-House-of-Lords-Inquiry-Behaviour-Change.pdf

than« kreiert hätte (New York Times, 11.03.2013). So kann es gehen, wenn Politiker für einmal »harte Bretter« bohren.

Halperns Ermahnung und Bloombergs Erfahrung legen einen Gedanken nahe, der inzwischen auch gedacht worden ist. Wenn denn das Heil im Gang an den Verhandlungstisch liegt, weil die Schubserei des flankierenden Zwangs bedarf und dieser unweigerlich Gerichte ins Spiel bringt, liegt es da nicht nahe, dass sich *choice architects* auch auf höherer Ebene nützlich machen, also die »Entscheidungsträger« an einen Tisch und zur Vernunft bringen? Störende Inputs würden sich dann, falschen Impulsen gleich, unmerklich aus dem Entscheidungsfeld herausmendeln. »Seit ewigen Zeiten«, so die ebenso richtige wie späte Erkenntnis, »haben die Menschen kollektive Entscheidungen getroffen. In modernen Gesellschaften geschieht das in Unternehmen, Rechtsanwaltskanzleien, Elternbeiräten, Gewerkschaften, Religionsgemeinschaften, Regierungen und internationalen Organisationen. In diesen und zahlreichen weiteren Fällen versammeln sich die Leute in – größeren oder kleineren – Gruppen um zu entscheiden, wie sie vorgehen wollen.« (Sunstein/Hastie 2014, 3 f.) Und sie alle können, ja sollten geschubst werden, um ›gute‹ Entscheidungen zu fällen.

Allerdings verändert sich dabei die Lage drastisch: Da oben weiß niemand im Vorhinein, wohin die Reise geht. Weniger Fett ist gesund, doch sind mehr Waffen notwendig? Ohne Steuereinnahmen läuft nichts, doch sollen damit Arme gefüttert oder Anleger gefördert werden? Wahl-Architekten können in solchen Fällen zunächst nichts weiter tun, als dafür zu sorgen, dass keine vorschnellen – ›impulsiven‹ – Entscheidungen getroffen werden. Anstatt Langsamkeit zu überlisten, muss man sie durch Verfahren oder Regeln herstellen. Soll heißen: Wer den Mund besonders schnell und weit aufreißt, hat zu schweigen; Einwände kosten zwar Zeit, müssen aber gehört werden; Kritiker sind ›aufzubauen‹, nicht abzukanzeln usw. Im zweiten Schritt kommen dann Techniken zum Zug, die das Stimmengewirr sukzessive ordnen und auf eine Entscheidung hinführen. Das Vernünftige wird ›sachte‹ erfunden, nicht ›sanft‹ erzwungen (Sunstein/Hastie 2014, 103 ff.)

»People assemble«, auch New Yorks Bürgermeister könnte sich mit den Herren von Coca- oder Pepsi Cola treffen. Doch welche Moderationstechnik wäre gut genug, um ihr Gespräch in eine – egal welche – Richtung zu »stubsen«? Selbst den Nudge-Experten schwant, warum sie in diesem, dem normalen Fall auf verlorenem Posten stehen: »No answer may be demonstrably correct.« (Sunstein/Hastie 2014, 31) Sprich: Das Unterfangen, die Politik »klüger« – und auch einfacher – zu machen, hat mit dem politischen Alltag nichts gemein. Dass dessen ungeachtet Regierende aufs *nudging* ›abgefahren‹ sind, belegt nur den anhaltenden Bedarf an Leistungsnachweisen in Zeiten, da man sich die Mühe nicht mehr machen will, »harte Bretter« zu bohren.

9.3 Zerstreutes Regieren

Das Bild weckt Erinnerungen: Uniformierte Wächter malträtieren einen Menschen, der gekrümmt und gefesselt am Boden liegt. Passiert ist die Misshandlung im Rahmen deutscher Verwaltungsroutine: »In mehreren Flüchtlingsheimen in Nordrhein-Westfalen haben Wachleute Asylbewerber drangsaliert. Jetzt herrscht allerorten Entsetzen. Dabei sind die Probleme seit langem bekannt: Es fehlt an Kapazitäten – und an Kontrollen.« (Berliner Zeitung, 29.09.2014) Menschenverachtung als Bestandteil der Normalität? Wenn das Grundproblem schon seit langem bekannt ist, dann wissen auch die Regierenden, dass weder Kapazitäten noch Kontrollen je ausreichen werden. Entweder müssten sie mehr Leute einstellen oder genauer prüfen, wie ernst das Mietpersonal seinen Job nimmt. Zweifellos eine Herkulesaufgabe: Masse und Klasse sind ein Problem, vom einen gibt es zu viel, vom anderen zu wenig, um unterstellen zu können, dass alles schon seinen rechten Gang gehe. Sind doch in dieser Branche rund 4.000 Firmen tätig, die 185.000 Menschen beschäftigen, und kleinere Unternehmen (wie das inkriminierte) arbeiten sozusagen auf freier Wildbahn. Derweil geht die Polizeigewerkschaft aufs Ganze: »Der Einsatz privater Unternehmen in Flüchtlingsheimen sei ein Kardinalfehler«, postuliert sie, denn die »Tore für Kriminelle würden dadurch weit geöffnet« (Berliner Zeitung, 29.09.2014). Ein Staat außerhalb des Staates ist nicht viel besser als die Mafia. So scheint es zumindest.

Selbstverständlich haben die »Verantwortlichen« umgehend Bestürzung geäußert und Besserung versprochen. Doch grundsätzlich soll alles beim Alten bleiben – einem Alten indes, das sich nur dadurch legitimieren kann, dass es seit jeher da gewesen sein soll: »Er sei«, erklärt (ausgerechnet) ein sozialdemokratischer Wortführer, »gegen eine Grundsatzdebatte über die Auslagerung öffentlicher Aufgaben. Das sei keine Frage zwischen Staat und privat. Es gebe schon immer ein Doppelsystem in der

Sicherheitsarchitektur.« (Frankfurter Allgemeine Zeitung, 29.09.2014) Sicherheit, »schon immer« oder wenigstens seit Hobbes die Staatsaufgabe par excellence, soll das Produkt eines Doppelsystems sein, dessen Architektur private Dienstleister als prinzipiell gleichrangige Ordnungskräfte einbaut?

Immerhin so viel ist daran richtig, dass die Regierenden seit drei, vier Jahrzehnten verstärkt darauf aus sind, einen Teil ihrer leidigen Aufgaben »outzusourcen«, soll heißen: Sie wollen es nicht mehr selbst allen recht machen, sondern nur noch »gewährleisten«, dass das, was andere – Firmen, Verbände – ihnen abnehmen, richtig gemacht wird. Auf dem Vormarsch ist ein zerstreutes Regieren, das die beste aller Welten zu sein verspricht: Viele (»zerstreut«) ziehen an einem Strang (»regieren«), so als ob der Vektor schon feststehen würde, bevor die Kräfte zu wirken beginnen.

Der Plan, sich so das Regieren zu erleichtern, ist geradezu ingeniös, macht er doch ein altes Leiden, die faktische »Herrschaft der Verbände« (Theodor Eschenburg), zur neuen Therapie. Als dieser Zustand noch verdächtig war, verstand man darunter den verdeckten Einstieg starker Interessengruppen ins Regierungsgeschäft, begünstigt dadurch, dass eine »gesellschaftsgestaltende« Politik auf fremden Sachverstand angewiesen sein würde. Da unterstellt werden kann, dass in diesem Prozess mit den Informationen auch Interessen eingespeist würden, kam bald das ungute Gefühl auf, der Staat werde auf diese Weise durch die Wirtschaft »kolonialisiert« (Jürgen Habermas). Den Protagonisten sind derartige Bedenken freilich fremd. Dieser Angst liege, verkünden sie, »das Vorstellungsbild eines stark gewünschten Staates zugrunde, der unter dem Druck von Gruppen und Sonderinteressen zunehmend an Steuerungskraft verliert und so immer weniger in der Lage ist, Belange des Gemeinwohls souverän durchzusetzen«. Man könne, halten sie dagegen, die Dinge auch völlig anders sehen: Der Souverän versuche nicht, sich der Angriffe und Pressionen gesellschaftlicher Mächte zu erwehren, sondern habe es umgekehrt darauf abgesehen, gesellschaftliche Organisationen vor seinen Karren zu spannen. Auf einen kurzen Nenner gebracht: »Die Beteiligung der Betroffenen hat instrumentellen Charakter.« (Schuppert 1981, 368) Nicht der Staat wird instrumentalisiert, die anderen werden es.

Was spricht dafür? Der Augenschein gibt es nicht her und dies nicht erst seit neuerem. Was die Staatswissenschaft à la Mohl, in »Anstalten« verpackt, dem Staat direkt aufgebürdet hat, erscheint jetzt mehr oder minder gleichumfänglich, mithin endlos weit ausgebreitet in Form »eigenständiger« Verwaltungseinheiten, deren zweckdienliches Entscheiden »gewährleistet« werden muss: Rundfunk, Bundesbank, Sachverständigenrat, Bundesrechnungshof, Bundeskartellamt, Deutsches Patentamt, Bundessortenamt, Bundesaufsichtsamt für das Versicherungswesen, Bundespersonalausschuss, Bundesprüfstelle, Bundesbahn, Bundespost, Kreditanstalt für Wiederaufbau, weiterhin Lastenausgleichsbank, Deutsche Genossenschaftskasse, Filmförderungsanstalt, Fonds zur Förderung der Forschung, Handwerkskammern, Industrie-, Handels- und Landwirtschaftskammern, Max-Planck-Gesellschaft, Stiftung Volkswagenwerk, Deutsche Forschungsgemeinschaft etc. pp. (Schuppert 1981). Das ist keineswegs alles, und manches würde später für anderes, auch anders Organisiertes (»Privatisiertes«) Platz machen.

Wie auch immer – sollte man tatsächlich hoffen dürfen, dass die Souveränität ihre Mediatisierung heil übersteht, sprich: Maßnahmen, welche sie einst »veranlassen« wollte, nun »gewährleisten« kann? Zweifel sind angebracht. Und Selbstzweifel kommen immerhin dann auf, wenn ein anderer Schauplatz ins Blickfeld rückt: das Parlament. Seine Aufgabe bestände schließlich darin, das enorme Aufsichts- und Anstaltskonvolut so zu regulieren, dass *öffentliche* Interessen seine Handlungen leiten – dabei kann es nicht einmal die eigene Integrität garantieren: »Das Parlament, in Bezug auf eine klientelorientierte Verwaltungseinheit in der Rolle des Wächters des allgemeinen Interesses gegen Sonderinteressen gedacht, ist«, räsoniert der Vater des Gedankens, »zur Ausfüllung dieser Funktion nicht imstande, wenn seine Entscheidungen seinerseits Aushandlungsergebnisse der auch auf der Ebene der Verwaltungseinheit beteiligten Interessen darstellen.« (Schuppert 1981, 387) Empirische Befunde unterstreichen den Zweifel gerade in dem Punkt, auf den es ankommt: Die Kern- und Kärrnerarbeit, Gesetze zu entwerfen, wird mit Privaten geteilt, manchmal sogar an sie vergeben (Blum 2004, Meßerschmidt 2012). In diesen lichten Höhen übernehmen bezahlte Rechtsanwaltskanzleien den parterren Job angeheuerter Sicherheitsfirmen. Welche geistige Bannmeile, welche moralische Immunität könnte das Parlament vor sanften Pressionen schützen, die ihren Anfang im Innern des Hohen Hauses oder seiner unmittelbaren Nähe nehmen?

Regierende, so hat es den Anschein, begnügen sich zunehmend damit, Anwesende zu sein. So weit will die »Staatswissenschaft« ihren Gegenstand freilich nicht heruntergewirtschaftet wissen. An Stelle des pauschalen optiert sie für einen gestuften Eskapismus: Flächendeckende Eingriffsvielfalt

(Mohls Vorstellung) weicht unter bestimmten Umständen zunächst der Aufsichtsvielfalt, schlägt dann bei anderer Gelegenheit in Beteiligungsvielfalt um, der eine ebenso aufgefächerte, aber stärker zurückgezogene Verantwortungsvielfalt entspricht. An deren Spitze rangiert die abgewetzte »Erfüllungsverantwortung« des ersatzweise selbst intervenierenden Staates. Danach setzt eine weitere Kaskade ein: beginnend mit der »Gewährleistungsverantwortung, welche indes nicht garantieren kann, dass die beauftragten Dritten das erwünschte Verhalten tätigen«. Darauf reagiert die »Begleitverantwortung«, darin bestehend, dass der Staat »über Informations- und Kooperationsvorkehrungen« seine ›Agenten‹ zum rechten Verhalten anhält. Ist dann immer noch ein Steuerungsdefizit erkennbar, lässt »sich die ›Auffangverantwortung‹ aktualisieren, und der Staat kann korrigierend oder substituierend tätig werden«. Diese wiederum mag mehr als eine Form annehmen, doch systematisch gesehen zählt vor allem die »Abfederungsverantwortung, bei der der Staat die Aufgabenwahrnehmung durch Dritte nicht korrigiert, aber z. B. für nachteilig Betroffene Hilfen bereit stellt« (Hoffmann-Riem 1997, 442).

Dieses stufenweise ausgedünnte Verantwortungsgefüge erinnert an das Verlangen der amtlichen Statistik, ihren Gegenstand vollständig zu erfassen; kommt sie dabei mit den Kategorien nicht aus, werden überzählige Fälle ganz pauschal unter »Sonstiges« verbucht, so dass nichts nicht erfasst wird. Vergleichbares passiert hier: Eine verantwortungsfixierte Regierungslehre müht sich ab, die formale Omnipräsenz des Staates zu sichern – Hauptsache, nichts geht ohne ihn; was mit ihm geht, ist nebensächlich. Und ehe man sich's versieht, erwacht da oder dort aufs Neue jene längst beerdigte Hoffnung, dem *Recht* werde es schon gelingen, diesem Wust unterschiedlicher, aber gleichzeitiger Verantwortungsverhältnisse Halt und Gestalt zu geben: »Wenn es ein Institut gibt, das als probates Mittel zur Reintegration der verselbständigten Verwaltungseinheiten in den staatlichen Apparat und als Gegengewicht zu den beargwöhnten ›Tendenzen autokephaler Bürokratie‹ dienen könnte, dann kommt dafür vor allem die staatliche Rechtsaufsicht in Betracht.« Dergestalt sei »die Mannigfaltigkeit der Verwaltungsträger zu überbauen und so die Gesamtheit der Verwaltung sicherzustellen« (Dreier 1991, 287 f.).

Die Staatsräson verkümmert (wie schon einmal) zur Rechtseinheit, Souveränität darf auch aus reiner Präsenz bestehen, sprich: Amtliche Außenposten lassen sich am Ort der Entscheidung sehen. Anzuhalten wäre diese Abwärtsbewegung nur, falls eine realisierbare »Rückholoption« eingebaut und »Ersatzvornahme« angedroht werden könnte (Franzius 2007). Doch hier beißt sich die Katze in den Schwanz, weil dafür Kompetenzen und Kapazitäten benötigt würden, deren Nicht-Existenz überhaupt erst dazu geführt hat, dass Zuständigkeiten auf halb- oder völlig private Agenturen übertragen worden sind. In diese Bredouille geraten allerdings nur solche Regierende, deren Staatsverständnis ihnen verbietet, sich ganz aus dem Staub zu machen. Oder positiv ausgedrückt: die glauben, ihr Job sei es zu *regieren.*

9.4 Dienst ohne Vorschrift

»Is it too much to ask the government to actually do the governing?«[6] Das fragt sich besagter Engländer, weil er den Eindruck gewonnen hat, die Regierung mache nicht mehr, wie er es wohl gewohnt ist, was sie wolle – sondern mache nichts mehr und wolle nichts mehr. Sein Frust trifft Camerons (erstes) Regierungsprogramm. Man ist im Jahr 2010, muss aber weiter zurückgehen, um zu begreifen, warum sich die Dinge dahin entwickelt haben.

Die Geschichte der Regierungsunlust beginnt 1987, zu jenem Zeitpunkt als Margaret Thatcher, Camerons ›Ziehmutter‹, dem Publikum mitteilt, dass es (für sie und überhaupt) keine Gesellschaft gebe: »There is no such thing as society.« Gesellschaft ist, so gesehen, eine politische Chimäre, das Gespinst von Hirnen, die »lenken« wollen. Wer sie abschafft, behauptet keinesfalls, draußen im Lande herrsche eine gähnende Leere: »There are«, erläutert Thatcher, um dieses Missverständnis gar nicht erst aufkommen zu lassen, »individual men and women and there are families.« (Thatcher 1987) Es gibt also Individuen, die in den Tag hineinleben und dabei Myriaden sozialer Beziehungen unterschiedlichster Reichweite knüpfen. Was jedermann einerseits tut und andererseits nicht lassen darf, denn so zu leben ist Pflicht – das Gebot nämlich, »für uns selbst zu sorgen, sich dann auch um unseren Nachbarn zu kümmern, denn das Leben ist ein Geschäft auf Gegenseitigkeit«. Ehen schließen, Kinder großziehen, Verwandte besuchen, aber auch Einkäufe erledigen, Berufe

6 | www.bbc.co.uk/blogs/haveyoursay/2010/07/how_should_you_contribute_to_s.html

ausüben, Verträge schließen, Freunde besuchen, Nachbarn helfen, Vereine gründen, Feste feiern etc. Fragt man diese Leute, würden sie natürlich antworten, sie befänden sich »in (guter) Gesellschaft«. Für Thatcher ergibt die Gesamtheit der sozialen Beziehungen eben noch lange keine Gesellschaft.

Warum nicht, ist bekannt. Die Welt des herkömmlichen Staates kennt eine »Räson«, deren Aktionsradius bestimmt, was als Gesellschaft gilt. Wer also wie Thatcher davon nichts wissen will, hat es tatsächlich auf den Staat abgesehen – jedenfalls insoweit, als dieser übers »Recht« hinaus auch noch »Ordnung« schaffen, sprich: *eigene* Vorstellungen durchsetzen will. Es gibt einfach keine legitimen »Staatsziele«. Das passende Credo hat schon Herbert Spencer formuliert: »Wenn ein öffentliches Anliegen von den Privaten nicht spontan verfolgt wird«, also durch zahlungskräftige und -bereite Nachfrage, »dann dürfte es überhaupt nicht verfolgt werden.« (Spencer 1981, 305) Was die Frage nahelegt: Warum sollte eine Regierung ein Problem lösen wollen, das erst dadurch entsteht, dass sie es lösen will? Der Souverän ist schließlich souverän genug, um Fünfe gerade sein zu lassen – Regieren als Dienst ohne Vorschrift.

Thatchers Erben, David Cameron und die Seinen, scheinen sich das auch gefragt bzw. gedacht zu haben – und sind zum Ergebnis gekommen, dass »governing« für sie einfach »too much« ist. Wer sich so aus der Verantwortung stiehlt, glaubt nicht, dass alle offenen Rechnungen beglichen sind, er will lediglich ihre Begleichung anderen, den kleinen Leuten, überlassen: »We're not responsible for that. You are«, verkündet ihnen Francis Maude, Camerons Oberreformer und Kabinettsmitglied (Collins 2010, 48). Der Regierungschef selbst, wohl wissend, dass niemand weiß, wie das einmal enden wird, bleibt dabei völlig gelassen: »Hier geht es ganz alleine ums Lernen. Wir verschieben die Macht nach unten und schauen, was passiert.«[7] Die Leute werden sich schon zu helfen wissen, ›with a little help from their friends‹ vielleicht.

Im (politisch fabrizierten) Vertrauen darauf, dass es schon irgendwie gut gehen werde, schwadroniert sich's unbeschwert, und wo zunächst pastorale Sorge, dann staatliche Räson herrschen sollte, kann nun experimentelle Neugier ›regieren‹: Alle Resultate sind interessante Resultate. Das Land wird zum Labor – mit Regierenden, die ungerührt beobachten,

7 | www.conservatives.com/News/Speeches2010/07/David_Cameron_Our_Big_Society_Agenda.aspx

was mit Prozessen geschieht, sobald sie ungestört ablaufen dürfen. Das Experiment motiviert, sein Ausgang steht auf einem anderen Blatt. Umso interessanter, wenn dann alles Mögliche passiert und für größte Kurzweil sorgt: »It'll be fantastically different in different places«, jubelt Francis Maude, der Gehilfe (Collins 2010, 48). Auf den Unterschied kommt es an, als solchen. Immer wieder neue, immer wieder andere Ergebnisse, phantastisch.

Wessen Politik sich darin erschöpft, Differenz zu generieren, mag der Welt ihren ungebremsten Lauf lassen. Weder gute Gründe noch fixe Grenzen müssen dem experimentellen Politiker zu denken geben, weil selbst das Debakel zum Gelingen gehört. Entspannte Staatsmänner als gespannte Zuschauer: So viel Leichtigkeit war nie, so sollte es auch in diesem Fall nicht bleiben.

Die Kehrtwendung ließ nicht lange, gerade einmal zwei Jahre, auf sich warten. Und sie beginnt mit einem Paukenschlag: »There is such a thing as society.« (Maude)[8] Man kassiert Thatchers Urteil genauso entschieden, wie es gefällt worden ist – und schafft sogar noch einen Mehrwert: *the Big Society* (Ishkanian/Szreter 2012). Sie, lässt sich ein reformierter Cameron vernehmen, gehe ihm politisch über alles: »The Big Society is my mission in politics. It is here to stay.« (The Telegraph, 14.02.2011) Also doch eine Decke, nach der sich das Regieren strecken muss?

Die Frage danach, was denn da anvisiert wird, hat viele Antworten hervorgelockt und zahllose Beispiele zu Tage gefördert. Deren Quintessenz ist aufschlussreich: »Die Leute«, doziert Francis Maude, »haben eine ungefähre Vorstellung davon, was ›Gesellschaft‹ meint: Gesellschaft ist das, was Menschen zusammen machen.« Also eine ganz alltägliche Affäre, schließlich leben die meisten Leute die meiste Zeit nicht alleine vor sich hin, sondern mit anderen zusammen: »Familie, Freunde, Arbeit, Sport, Zeitvertreib oder was auch immer.« Daraus ergibt sich alles Weitere wie von selbst: »Eine *bigger society* existiert dort, wo die Leute in ihren Gemeinden mehr Dinge zusammen tun, miteinander und für einander.«[9] Eine Trivialität und ersichtlich überhaupt nicht das ›Ding‹, dessen Existenz Thatcher leugnen wollte, sondern genau jener Raum, in dem eine

8 | www.gov.uk/government/speeches/francis-maude-speech-the-big-society-and-the-city

9 | www.gov.uk/government/speeches/francis-maude-speech-the-big-society-and-the-city

unpolitische Moral (»our duty«) wirken sollte. Die Differenz liegt woanders: Aus der gebieterischen Pflicht von einst ist im Handumdrehen eine gefühlige Ressource geworden. Was hat sich geändert? Die Menschen? Oder ihre Umstände?

Je länger man den Fall betrachtet, desto stärker schiebt sich ein Grund nach vorne: die liberale Urangst davor, dass *the Big Society* in ihr Gegenteil, *Big Government*, umschlägt. Von dieser Sorge wird schon Friedrich August Hayek umgetrieben, der Stichwortgeber des ›gesellschaftslosen‹ Lagers: »Kleine Gruppen« – Familien, Gesangsvereine o. Ä. – »bilden Werte heraus, von deren Geltung ihr Zusammenhalt abhängt. Diese haben in der Öffentlichkeit überlebt, obwohl sie nicht nur verschieden von, sondern sogar unverträglich mit denjenigen Werten sind, die eine friedliche Koexistenz großer Massen in der Offenen Gesellschaft ermöglichen.« (Hayek 1976, 136) Wer sich daran macht, die Expansion des Sozialen zu propagieren, sollte das Risiko bedenken, übers Ziel hinauszuschießen, also in Bereiche vorzustoßen, wo schöne Gefühle oder gute Menschen immer weniger bewirken oder gar Schaden anrichten. Letzteres passiere, so heißt es, sobald Emotion in Organisation überführt wird. Distanzen können dann neutralisiert, Gefühle simuliert werden, und Solidarität lässt sich produzieren. Nicht von ungefähr wird der Thatcherismus mit dem Feldzug gegen Englands Gewerkschaften gleichgesetzt. Erst seitdem deren Schicksal besiegelt ist, dürfen sich liberale Hirne an sozialen Phantasien erwärmen.

Das Kernstück der Cameron-Phantasie ist die Gewissheit, dass Empathie dem menschlichen Bewusstsein nicht pflichtgemäß abgerungen werden muss, sondern zu seiner natürlichen Ausstattung gehört (zumindest in England). Wenn etwas, dann kann dieses Vertrauen sein Alter ins Feld führen. Seit Adam Smith kommt kein Missionar des freien Marktes ›ohne‹ aus, weil sich Konkurrenz und Kommerz ohne emotionale Stützen totlaufen würden. Glückliche Ehen, hilfreiche Nachbarn, vitale Vereine, gemeinsame Feste, kurzum ein harmonisches Leben in stillen Winkeln und ruhigen Zeiten – das sind die immergleichen Zutaten dieser heimeligen Gegenwelt: »Wenn eine Familie ein Eigenheim auf dem Lande hat, mit Garten und so weiter, dann ist ihre Vitalsituation schon völlig anders als in der Mietwohnung einer großstädtischen Straßenschlucht.« (Rüstow 1958, 23) Wird die Idylle, was selten genug vorkommt, einmal gestört, findet sie Mittel und Wege, sich selbst zu heilen: »Vor einigen Wochen ist jemand, der zwanzig Jahre lang einen ziemlich wichtigen

Posten in der Industrie inne hatte, plötzlich entlassen worden. Danach hat er keine gleichwertige Stelle gefunden und sich deshalb an den ›Job Club‹ gewandt« – einen lokalen Honoratiorenzirkel, der es tatsächlich hinbekommen hat, »diesen Mann an eine Firma am Ort zu vermitteln, wo er nun in leitender Funktion tätig ist«.[10] Geschehen in Bridport, einer 13.000-Seelen-Gemeinde ganz nach Camerons Traum von »village greens and stable communities« (Davis 2012). Im konkreten Fall scheint sich zu bestätigen, worüber schon länger gemunkelt wird: dass Gemeinden oder Gemeinschaften ein Sozialkapital anhäufen, das den Sozialstaat vergessen machen kann und sich sogar im Verbrauch auf wundersame Weise selbst vermehrt (Putnam 1995, 67).

Wäre die Stadt kein Problem, könnte das Land eine Lösung sein. Weil aber vier Fünftel aller Engländer in Rüstows perhorreszierten Straßenschluchten leben, muss Camerons Regierung, um nichts tun zu müssen, doch etwas tun. Sie hat damit begonnen, landesweit den Gemeinschaftsgeist hochzupäppeln. Ihre wichtigste Erfindung ist der *National Citizen Service* (NCS), dessen Grundzüge Francis Maude dem Publikum so nahebringt: »Wir haben erfolgreiche Pilotprojekte lanciert und über 8.000 Jugendliche aus allen möglichen Milieus in Teams gesteckt. Dort haben sie an Projekten gearbeitet, angefangen bei der Renovierung von Jugendzentren über die Sanierung öffentlicher Parks bis hin zur Altenbetreuung.« Den Teilnehmern sei es darum gegangen, der Gemeinschaft etwas zurückzugeben, auf das sie stolz sein können. Aus diesen kleinen Anfängen soll künftig Größeres und Großartiges werden: »Die Regierung hat ehrgeizige Expansionspläne für das NCS – 2012 sollen 30.000 Jugendliche rekrutiert werden und für 2014 werden 90.000 Plätze anvisiert. Das Endziel wird darin bestehen, alle 16-Jährigen zu erfassen, so dass daraus so eine Art Initiationsritus wird.«[11]

Nicht dass Englands Regierende plötzlich den Spaß am Regieren entdeckt hätten. Im Gegenteil, sie bezahlen nur für etwas, das bewirken soll, dass sie künftig abwerfen können, was ihnen die Gegenwart noch aufbürdet: politische Verantwortung. Eine Milchmädchenrechnung? Kriti-

10 | So Oliver Letwin, der regionale Unterhausabgeordnete und ein Gründungsvater der *Big Society*, in seinem Blog am 05.07.2013 (www.oliverletwinmp.com/news/job-club).

11 | www.gov.uk/government/speeches/francis-maude-speech-the-big-society-and-the-city

ker haben schon früh argumentiert, »dass sich gerade die Jugendlichen mit dem höchsten Frustrationslevel nie und nimmer dazu entschließen werden, an einer Sache mitzumachen, die hoffnungslos ›uncool‹ klingt. Ihrer Meinung nach wird es dahin kommen, dass der NCS hauptsächlich weiße Mittelklasse-Kids anzieht, die ihren Lebenslauf aufpolieren wollen; außerdem seien die Programme zu kurz, um das Leben der Teilnehmer nachhaltig zu verändern.« (Williams 2011) Viele Problemkinder, über deren Alltag bestenfalls das strenge Auge des Gesetzes wacht, werden wie bisher das Differenzenarsenal um eine weniger phantastische Variante bereichern: Sie prügeln und plündern in *Wahrnehmung* ihrer Verantwortung.

9.5 Ernst sein ist alles

Was sollte man noch ernst nehmen, wenn nicht den Ernstfall? Hegel erinnert uns daran, dass dies nicht am Anlass liegt: »Der Streit zwischen Staaten«, stellt er fest, könne »nur durch *Krieg* entschieden werden.« Welche Verletzung aber als kriegswürdig gilt, bleibe »ein an sich Unbestimmbares, indem sich ein Staat seine Unendlichkeit und Ehre in jede seiner Einzelheiten legen kann« (Hegel 1986, 500). Selbst eine Nichtigkeit wie die Falkland-Inseln haben Margaret Thatcher genügt, in den Krieg zu ziehen; Ronald Reagan war, als er Grenada zum Feind auserkoren hat, noch anspruchsloser; 9/11 ist ein anderes Kaliber.

Gleichwohl kennt auch Amerikas »Krieg gegen den Terror« irritierende Momente der ›Leichtigkeit‹. Dass *the war on terrorism* völlig formlos, also verfassungswidrig erklärt worden ist, wird man nicht darunter rechnen wollen, schließlich schert sich im »neuen Krieg« (Münkler 2004) eine Seite um diplomatische Gepflogenheiten wenig und zwingt damit die andere, ihre konstitutionellen Regeln auszuhebeln. Allein, der ›falsche‹ Anfang hat Folgen, geplante wie ungeplante, denn werden Kriege nicht mehr (formal) erklärt, sondern nur noch (faktisch) geführt, wird das, was bis dahin nur möglich war, wahrscheinlich: dass der Zufall bestimmt, wer über den Ausnahmezustand entscheidet, also in dieser Lage als Souverän auftritt (Schmitt 1996, 14). Jedenfalls, wenn man ihm etwas nachhilft. Wie Dick Cheney.

Als ihm 9/11 die Gelegenheit bieten sollte, Geschichte zu machen, hat Cheney die Gelegenheit rigoros genutzt. Zwar ist das verfassungsmäßig vorgesehene Personal en passant auch aktiv geworden, doch standen seine Aktionen schon ganz im Schatten jener Entscheidungen, die Cheney, dem kein Verfassungsartikel als Steigbügel dienen konnte, bereits gefällt hatte. Es sollte *sein* Krieg werden (Cheney 2011). So erzählt er den Fall wenigstens, und weil Gesinnung das Thema ist, zählen Geschichten mehr als Geschichte (»wie es eigentlich gewesen ist«).

Warum er? Auch deshalb, weil Cheney und nicht sein ›Chef‹ gerade im Weißen Haus zugange, mithin da war, als das Geschehen seinen Lauf genommen hat. Präsenz schlägt Kompetenz – ein Spezialfall jener Unberechenbarkeit, die Kriegsanfänge auszeichnet. Verfassungen können höchstens vorgeben, »wer in einem solchen Falle handeln darf« (Carl Schmitt). Und dann kommt es eben anders – weshalb Cheney seine große Stunde erleben sollte. Allerdings war er, dem Schicksal tatkräftig nachhelfend, so frei, mögliche Konkurrenten kurzerhand beiseitezuschaffen (»Evakuierung«) – so schnell wie möglich und, vor allem, länger als nötig. Die Frage nach dem höheren Recht der Verzögerung entlockt ihm eine entwaffnend einfache Antwort: »We've got the helicopters« (Cheney 2011, 6). Sprich: Wer nicht geholt wird, ist eben nicht da. Punkt. *Sein* Ernst genügt Cheney, um den Fall zu lösen. Die Figuren um ihn herum werden zu Statisten degradiert, was immer ihr konstitutioneller Status sein mochte. Ausnahmslos, den Präsidenten also eingeschlossen.

Wer souverän sein will, muss im richtigen Moment die Normalität verabschieden: »We were at war« – das war Cheneys alleinige Entscheidung, getroffen aus dem Augenblick und Bauch heraus, als gerade erste, noch spärliche Informationen eintreffen, wonach irgendetwas in der Luft liege. Ernster als alles nimmt er sich selbst, seine schlagartige Eingebung. Am Anfang steht die eherne Dezision (»at war«), unter ihrem Schirm läuft alles weitere ab, ziemlich unberechenbar und schon gar nicht wie vorgesehen. Denn es beginnt eine lange Kette fiktiver Vorfälle und falscher Alarme. »In diesen ersten Stunden«, erinnert sich der Notstandhafte, »haben wir im Nebel des Krieges gelebt.« (Cheney 2011, 3) Es geht wild durcheinander, nichts stimmt, der Orientierungsverlust ist im entscheidenden Moment fast bodenlos, die Katastrophe verliert ihre Konturen und endet in einem unentwirrbaren Knäuel aus Ahnungen, Deutungen, Vermutungen, Warnungen.

Den Realitätsverlust kompensiert die Willkür, geadelt als innere Stimme. Der Herr der Lage hört, wenn es darauf ankommt, vor allem auf sich selbst und schafft sein eigenes, überlegenes, sonst keinem zugängliches

Wissen: Er *macht* Ernst, ganz alleine. Unter den vielen Anomalien ist diese Inwendigkeit besonders aufschlussreich. In einer Welt voller Wissensapparate entscheidet die Introspektion darüber, was ist. Sie war auch dann zur Stelle, als aus dem Wirrwarr das Wissen herausdestilliert werden musste, um welche (ungewohnte) Art von Krieg es sich eigentlich handeln würde: »Wir flogen«, berichtet Cheney von seiner Reise nach Innen, dieses Mal mit etwas Abstand vom unmittelbaren Geschehen, »in Richtung Catoctin Mountains und Camp David, den Rückzugsort des Präsidenten, wo wir uns in der Nacht des 11. September heimlich getroffen hatten. Ich bin bis in den frühen Morgen aufgeblieben, um darüber nachzudenken, was diese Attacke bedeutet hat und wie wir darauf reagieren sollten.« Das Resultat des Auguren, der sich selbst beschaut, ist an Dramatik nicht zu überbieten – »in the darkness of Dick Cheney« (Danner 2014) überschlägt sich die Geschichte: »Dies war ein neues Zeitalter und wir würden eine ganz neue Strategie benötigen, um die Sicherheit Amerikas zu gewährleisten. Der erste Krieg des 21. Jahrhunderts würde nicht einfach ein Konflikt zwischen zwei Nationen und Armeen sein, sondern in allererster Linie ein Krieg gegen Terroristen, die im Schatten arbeiten, sich durch nichts abschrecken lassen und jede Waffe, die in ihre Hände kommt, nutzen werden, um uns zu zerstören.« (Cheney 2011, 10) Alles Weitere hatte sich dieser Stimmung zu beugen.

»I stayed up into the morning hours« – die Gedanken *einer* Person in *einer* Nacht bescheren der Menschheit den Einfall, dass, wo es um Leben und Tod geht, künftig nichts mehr so sein werde wie bisher. Schneller hat man Komplexität im Ernst wohl kaum je reduziert. »Wir haben es hier«, resümiert der Schlachtendenker, »mit bösen Leuten zu tun, die in ihrem Schattenreich bisher unvorstellbare Gewalt- und Zerstörungstaten aushecken. Wir haben keine andere Wahl, als den Feind dort zu stellen, wo er sich aufhält. Manchmal bedeutet das, mit Leuten zu verhandeln, die niemand als Nachbarn haben möchte. Wir müssen und werden alle verfügbaren Mittel ergreifen, um Freiheit und Sicherheit des amerikanischen Volkes zu sichern.« (Cheney 2011, 34) Freundeskreis und Aktionsradius werden kurzerhand um prekäre Optionen erweitert – reine Gewissen und saubere Hände gehören der politischen Vergangenheit an. Man trifft sich im Schattenreich wieder.

The shadows – die politische Arena des terroristischen Zeitalters und ein Schauplatz, auf dem Informationsstände über Konfliktverläufe entscheiden: »In this new kind of war, intelligence would be crucial.« (Cheney

2011, 330) Hängt das eigene Überleben von der Nachrichtenlage ab, dann regiert es sich im Prinzip ganz einfach: Man muss selbst im Schatten bleiben und alle anderen daraus vertreiben. Erlaubt, ja geboten ist danach alles, was diese ›Schattenbilanz‹ positiv beeinflussen könnte, unabhängig davon, welche moralischen, rechtlichen oder sonstigen Überlegungen dagegen stehen. Rücksichten solcher Natur mochten noch so wichtig sein, unter den herrschenden Umständen würden sich die Gewichte verlagern müssen: »Am wichtigsten: Wir waren im Krieg«, rekapituliert Cheney, und nichts, was dazu dienen konnte, »Informationen für die Verteidigung der Nation zu erhalten«, durfte behindert oder gar ausgeschlossen werden (Cheney 2011, 351). Die Geburt des *Waterboard*-Skandals.

Wer anders denkt, muss damit rechnen, beiseitegeschoben zu werden. Nicht von ungefähr echauffiert sich Cheney immer dann, wenn verdeckte Aktionen eigener Dienste heimlich inspiziert, leichtfertig zerredet oder starrsinnig behindert werden. Unter die üblichen Verdächtigen fallen geschwätzige Volksvertreter (»compromise secrecy«); genauso wenig ist von der liberalen Presse zu halten (»shameful«); fast noch mehr ärgern ihn hauseigene Bedenkenträger, die an ihren Skrupeln kleben und kein Verständnis für militärische Erfordernisse aufzubringen vermögen (»I had little patience with what I saw happening«). Am härtesten trifft es natürlich Edward Snowden, den Whistleblower: »That man« wird als Verräter gebrandmarkt, jemand, der nicht alleine behindert oder verzögert, sondern aufklärt und zerstört, weil seine Informationen Stück für Stück die Schattenwelt in ihrer ganzen, aus gutem Grund versteckten Größe ausleuchten. Damit gibt er einer laienhaft-liberalen Öffentlichkeit kund und zu wissen, welch dramatischer Souveränitätstransfer stattgefunden hat: weg vom sichtbaren Staat hin zum Notstandsregime geheimer Dienste, die mit allen nur denkbaren Möglichkeiten ausgestattet sind, das Böse aufzuspüren.

Seinem Charakter nach außerhalb des Verfassungsterrains angesiedelt, legitimiert sich dieser ›formlose‹ Machtkomplex ausschließlich durch ein überlegenes Wissen, dem keine Kritik von außen gewachsen sein soll: Man habe Leben gerettet und künftigen Angriffen vorgebeugt, lautet die ewig gleiche Begründung. Den Autismus der Dienste doppelt ihr Beschützer: »I would do it again in a minute.« (New York Times, 14.12.2014) Schlaflose Nächte, außer jener einen, kennt Cheney ersichtlich nicht. *Dead Certain* eben (Packer 2014).

Wie kann einer seiner Sache dermaßen sicher sein, wo es doch sonst fast niemand mehr ist? Regierende seines Schlags geben aufs Urteil der Welt nichts, weil es nur deren Windigkeit widerspiegelt und ihre Gewissheit ausschließlich eigenem Wissen entspringen kann: das Selbstbewusstsein des »inneren Schwergewichts« (Max Weber). Wie sonst würden (Selbst-) Reflexionen einer einzigen Nacht genügen können, um den Lauf der Dinge auszuloten? »I stayed up into the morning hours« – dann hat Cheney genug in sich hineingehört, um das Staatsschiff auf den rechten Kurs zu bringen. Seiner Sache sicher macht und von ordinären Politikern unterscheidet ihn etwas ganz Einfaches: »I know who I am«, sagt zwar George W. Bush, aber der hätte es nicht sagen dürfen (s. Packer 2014, 75). Wer sich selbst kennt, kennt genug und kann regieren. Gerade ernste Zustände sind ganz leichte Aufgaben. Eigentlich.

10 *Ties that bind?*

Was »bindet«, mag reißen, und was »hält« (Hegel), wird vielleicht brechen. So gesehen kann das Band gar nicht stark, die Ordnung gar nicht stabil genug sein. Dass es auch ein Zuviel geben könnte – dieser Gedanke verbietet sich fast von selbst. Aber schon Hegel wälzt ihn. Stabile Verhältnisse erzeugen feste Gewohnheiten, und sie sind zweischneidig: einerseits segensreich, weil auf ihrem Boden keine Verrücktheiten (»willkürliche Einfälle«) gedeihen; andererseits kommt Monotonie auf, das Einerlei betäubt, schläfert den Ehrgeiz ein und trocknet die Neugier aus. Der »Mensch stirbt auch aus Gewohnheit, das heißt, wenn er sich ganz im Leben eingewohnt hat, geistig und psychisch stumpf geworden und der Gegensatz von subjektivem Bewusstsein und geistiger Tätigkeit verschwunden ist.« (Hegel 1986, 302)

Ewiger Trott und geistiger Tod sind, so betrachtet, untrennbare Gefährten; wer das Elend vermeiden will, muss den Gleichlauf unterbrechen. Dieser Zusammenhang legt sich über alle Lebensbereiche, weshalb stabile gerne als »alternde« oder »sklerotische« Gesellschaften beschrieben werden, beginnend mit Hegel selbst: »Im Frieden dehnt sich das bürgerliche Leben mehr aus, alle Sphären hausen sich ein, und es ist auf die Länge ein Versumpfen der Menschen; ihre Partikularitäten werden immer fester und verknöchern. Aber zur Gesundheit gehört die Einheit des Körpers, und wenn die Teile in sich hart werden, so ist der Tod da.« (Hegel 1986, 493) Hegel glaubt auch zu wissen, was dagegen hilft – die Blutauffrischung funktioniert nur mit Blut: »Aus den Kriegen gehen die Völker nicht allein gestärkt hervor, sondern Nationen, die in sich unverträglich sind, gewinnen durch Kriege nach außen Ruhe im Innern.« (Hegel 1986, 494) Das Leben entsteht aus dem Tod, der Brandstifter kuriert den Biedermann.

Wäre dem so, hätte Amerika gerade eine Therapie begonnen. Etlichen Diagnosen zufolge ist am 2.8.2015, als in San Bernadino/Kalifornien 14 Menschen erschossen worden sind, der Krieg ausgebrochen: »Viele der republikanischen Präsidentschaftskandidaten, darunter Marco Rubio, Ted Cruiz und Donald Trump, reagierten mit der Feststellung, Amerika sei im Krieg.« Noch stärker hat Chris Christie aufgetragen: »Tatsache ist, dass wir einen neuen Weltkrieg haben, einen, der anders aussieht als die zwei bisherigen. Dieser hier wird von islamischen Jihadisten geführt, die Tag für Tag darauf aus sind, Amerikaner zu töten und unseren Alltag zu zerstören.« (Wikipedia, »2015 San Bernadino Attack«) San Bernadino – ein zweites Pearl Harbor? Wäre diese Rede vom Krieg mehr als Kriegsgeschrei gewesen, hätte ein »Ruck« durch Amerika gehen müssen. Was ist stattdessen passiert? Die lähmende *Angst* vor dem Terror hat zugenommen und das Vertrauen in den Staat einen neuen Tiefpunkt erreicht: »Lediglich 55 Prozent aller Amerikaner vertrauen mehr oder weniger darauf, dass die Obama-Regierung ihre Bürger vor künftigen Terrorakten schützen kann.« Das Ergebnis einer Gallup-Umfrage im Nachhinein. Zum Vergleich: Nach dem 11. September 2001 haben noch neun von zehn Amerikaner geglaubt, George W. Bush würde es den Terroristen gehörig heimzahlen (The Washington Beacon, 11.12.2015).

Etwa zur selben Zeit hat Frankreich – nach dem Anschlag auf *Charlie Hebdo* – seinen eigenen Krieg ausgerufen: »La France est en guerre contre le terrorisme.« (François Hollande)[1] Und einen Augenblick lang sah es danach aus, als ob Hegel in diesem Land Recht behalten würde: Der anschließende Protestmarsch »in Paris wurde zu einem Aufstand der Bürger für ihre Freiheitsrechte. Zwischen 1,5 und zwei Millionen Menschen schrieben Geschichte, indem sie unter dem Motto ›Wir sind Charlie‹ für Meinungsfreiheit demonstrierten. Die Manifestation ging vom Place de la République aus, doch schon lange vor dem offiziellen Start um 15 Uhr war der so überfüllt, dass viele ihn nicht mehr erreichen konnten. Noch um 18 Uhr zogen Zehntausende Richtung Place de la Nation. Auch in anderen Großstädten wie Lyon, Bordeaux, Marseille wurde demonstriert: Im gesamten Land sollen – inklusive Paris – über vier Millionen Franzosen auf die Straße gegangen sein. Laut Angaben der Polizei sind in der französischen Geschichte noch nie so viele Menschen bei einer Demonstration

---

1 | www.europe1.fr/politique/hollande-la-france-est-en-guerre-contre-le-terrorisme-jihadiste-2621357

aktiv gewesen.« (Handelsblatt, 11.01.2015) Danach kam nicht mehr viel. Wenig später erhielt das Land bekanntlich seine zweite Bewährungsprobe – in deren Gefolge sind die Popularitätswerte des Präsidenten kurzfristig und minimal (auf magere 23 Prozent) gestiegen. Ansonsten? Man hat den Polizeiapparat aufgerüstet, Freiheiten kassiert und Gesetze so weit verschärft, wie es im Rahmen des anschwellenden Parteiengezänks möglich gewesen ist. Im Übrigen auch hier das große Zittern: »Der Terrorismus löst bei 85 % aller Franzosen Angst aus.« Anderswo steht es um die Schocktherapie nicht besser: fast 90 % Ängstliche in Großbritannien, und selbst Deutschland, das bisher immer wieder noch einmal davongekommen ist, findet keine Ruhe mehr – rund zwei Drittel fürchten sich. Alles in allem also nichts, was nach politischer Revitalisierung aussehen würde, obwohl man sich darauf einstellt, dass hinter der nächsten Ecke schon die nächste Bombe hochgeht. Oder *weil* es so ist?

Kriege sind, kurz gesagt, nicht mehr, was sie mal waren: das genaue Gegenteil von Frieden. Gesellschaften, gerade westliche, müssen wohl oder übel damit leben, dass sich die »epidemische Gewalt« (Garapon 2016) in ihrem Alltag einnistet. »Zerstört ihre Betten, macht ihr Leben bitter«, heißt das neue Motto (Die Zeit, 22.01.2015). An »Palästen« besteht kein gesteigertes Interesse mehr, ins Visier geraten »Hütten«, die Lebensräume der kleinen Leute: Arbeitssplätze, Fußballspiele, Nachtclubs, U-Bahnhöfe, Zugfahrten; selbst der Karneval findet unter Polizeibewachung statt. Vor Ort wird deutlich, wie sehr das gewohnte Leben leidet: »New Yorks Penn Station sah aus wie immer, voll gepfercht mit Menschen, die irgendwo hinwollten. Vor den Anzeigetafeln herrschte großer Andrang – alle warteten darauf zu erfahren, von welchen Bahnsteigen ihre Züge abfahren würden. Erst auf den zweiten Blick konnte man erkennen, dass Soldaten da waren. Sie standen an verschiedenen Stellen in der Bahnhofshalle, mit ihren Tarnuniformen und Schutzwesten.« Man hatte sie dort postiert »für den Fall, dass Terroristen auftauchen würden. Die Sicherheitsmaßnahmen sind verschärft worden, weil Penn Station zu den Orten gehört, die unter dem schaurigen Namen ›weiche Ziele‹ laufen. Es sind öffentliche Plätze ohne Metalldetektoren oder Kontrollstellen, an denen die Leute ihre Gürtel abnehmen und Schuhe ausziehen müssen. Schilder fordern dazu auf, die Arbeit des Sicherheitspersonals durch eigene Wachsamkeit zu unterstützen: ›Fällt Ihnen etwas Verdächtiges oder Ungewöhnliches auf, melden Sie es!‹ Doch wenn die Angst herrscht, ist alles verdächtig, alles ungewöhnlich.« Das endlose Reich der weichen Ziele liegt »im Schatten einer Gewalt, die uns jederzeit heimsuchen kann, ohne Warnung, ohne Gewissen, ohne Logik« (Washington Post, 12.11.2015). Ihr einziges Gesetz ist das *grenzenloser Verunsicherung*. Und, um die Perfidie abzurunden, je mehr Wachen aufziehen, desto häufiger werden die Menschen daran erinnert, dass sie geschützt werden müssten, aber am Ende nicht können.

Wie sieht das Leben in Angst aus? Oder anders gefragt: Wenn Terror kein Krieg ist, was ist er dann? Eine »Pandemie« (Garapon 2016) oder »tödliche Seuche« (Die Zeit, 24.09.2014), sagen manche. Der Vergleich erinnert daran, dass Hobbes sein Schreckbild, den »Krieg aller gegen alle« – der ja, genau betrachtet, mit Kriegen auch nichts gemein hat –, einer antiken Pestepidemie nachgebildet haben dürfte (Ginzburg 2008). Allein, was Thukydides zufolge in Athen passiert ist, wird sich heute nicht mehr wiederholen: »Leichter erfrechte sich jetzt mancher zu Taten, an die er vorher nur im Geheimen gedacht hatte, da man den raschen Wandel sah zwischen den Reichen, die plötzlich starben, und den früher Besitzlosen, die nun mit einem Mal deren Hab und Gut besaßen. So hielten sie es für recht, das Angenehme möglichst rasch und lustvoll zu genießen, da ihnen ja Leben und Geld gleicher Weise nur für den einen Tag gegeben seien.« Gesetze hätten diese Eruption verhindern sollen, doch um sie hat sich kein Mensch gekümmert – niemand glaubte, »für seine Vergehen noch Gerichtsverhandlung und Strafe zu erleben« (Thukydides 2004, 149 f.). Seitdem hat sich vieles geändert, besonders die *Wahrscheinlichkeit*, selbst ein Opfer zu werden. Praktisch jeder Athener musste damit rechnen, während es heute immer nur relativ wenige treffen wird – eine Differenz, die sich aufs Verhalten auswirkt: in Athen Verrücktheit aus Verzweiflung, in Amerika, nachdem Ebola ausgebrochen war, *Vorsicht* auf *Verdacht*. Es wurden Schulen zugesperrt, Lehrer nach Hause geschickt, Stewardessen beurlaubt, Flüge gestrichen, Reisen verschoben, Sportstätten geschlossen, Körperkontakte minimiert (»fewer handshakes«), alles aus jenem Übermaß an Sorge, das sich zu empfehlen scheint, wenn Mitmenschen zu Virusträgern mutieren. »Ich glaube nicht«, erfährt man von einer wachsamen Seele, »dass da etwas dran ist, doch wollten wir auf jeden Fall vorsichtig sein und haben daher die gebotenen Maßnahmen getroffen.« (New York Times, 24.10.2014) Es ist nichts, doch auf alles muss man gefasst sein – nicht mehr nur der Staat misstraut seiner Gesellschaft (weiterhin), sondern die Gesellschaft misstraut sich jetzt auch selbst.

Wie die Seuche, so der Terror? Womöglich ist das Band noch enger: »A ›Dark Winter‹ of Ebola terrorism« (Washington Post, 20.10.2014) könnte uns bevorstehen. Derweil begeistert Donald Trump Millionen mit dem Vorschlag, Terroristen im Kampf Mann gegen Mann unschädlich zu machen (New York Times, 19.05.2016). Offenkundig fehlt da ein Zwischenstück – die politische Vernunft. Sie hätte zwar keine Antworten parat, würde aber den richtigen Fragen nachgehen: »Kann sich eine freie Gesellschaft in ständiger Bedrohung einrichten, in Angst und Misstrauen, auf Dauer? Und was für eine Gesellschaft wird das dann? Was macht die permanente Furcht mit den Menschen? Den Institutionen? Der Politik? Mit den Familien? Dem Einzelnen?« (Die Zeit, 22.01.2015) Die Antworten müssten komplex ausfallen – in einer Zeit, da »einfache Lösungen« Konjunktur haben und Komplexität schon lange aus der Mode gekommen ist.

Literatur

Anderson, Margaret L. 2009: *Lehrjahre der Demokratie.* Stuttgart

Angermann, Erich 1962: *Robert von Mohl 1799–1875.* Neuwied

Anton, Hans H. 2006: *Fürstenspiegel des Frühen und Hohen Mittelalters.* Darmstadt

Aretin, Christian von 1822: *Des großen Kurfürsten Maximilian I. von Bayern Anleitung zur Regierungskunst.* Bamberg – Würzburg

Armitage, David 2004: *John Locke, Carolina, and the »Two Treatises on Government«.* In: Political Theory, 32, 602–627

Armytage, Walter H. G. 2012: *The German Influence on English Education.* London

Bagehot, Walter 1963 (1872): *The English Constitution.* London

Ballhorn, Albert 1852: *Das Polizei-Präsidium zu Berlin.* Berlin

Beauzamy, Brigtte 2013: *Explaining the Rise of the Front National to Electoral Prominence: Multi-Faceted or Contradictory Models.* In: Ruth Wodak et al. (Hg.), Right-Wing Populism in Europe: Politics and Discourse. London – New York, 177–190

Bellon, André 2014: *Bonapartisme ou Constituante.* In: Le Monde diplomatique No. 721, Avril

Bentham, Jeremy 1948 (1823): *The Principles of Morals and Legislation.* New York

Bentham, Jeremy 1962 (1787): *Panopticon or the Inspection-House, &C.* In: John Bowring (Hg.), The Works of Jeremy Bentham, Vol. 4, New York, 39–66

Bernáldez, Andrés 1838 (um 1500): *Extracts From the History of the Catholic Sovereigns, Ferdinand and Isabella.* In: Collections of the Massachusetts Historical Society, Vol. 8. Boston, 5–68

Blackstone, William 1873 (1765): *Commentaries on the Law of England,* Vol. 1. London

Blickle, Peter u. a. 1980: *Aufruhr und Empörung?* München
Blickle, Peter 2004: *Die Revolution von 1525.* München
Blickle, Peter 2011: *Der Bauernkrieg: Die Revolution des Gemeinen Mannes.* München
Blum, Peter 2004: *Wege zur besseren Gesetzgebung.* München
Blumenkranz, Carla u. a. (Hg.) 2011: *Occupy!* Frankfurt
Bodin, Jean 1982 (1576): *Über den Staat.* Frankfurt
Böckenförde, Ernst-Wolfgang 1992: *Recht, Staat, Freiheit.* Frankfurt
Bonald, Louis Gabriel Ambroise de 1854 (1796): *Théorie du pouvoir politique et réligieuse.* Paris
Bourgeois, Léon 2014 (1896): *Solidarité.* Paris [KindleBook]
Brewer, John 1988: *The Sinews of Power.* Cambridge, Mass.
Buchfelner, Simon 1836: *Wilhelm des Frommen, Herzogs von Bayern, Anleitung zur christlichen Erziehung seiner Söhne etc.* Regensburg – Landshut
Burke, Edmund 1764 (1756): *A Philosophical Inquiry Into the Origins of Our Ideas of the Sublime and Beautiful.* London
Burke, Edmund 1853 (1794): *Speech on Being Elected in Bristol 1774.* In: James Burke (Hg.), The Speeches of the Right Hon. Edmund Burke: with Memoir and Historical Introductions. Dublin-London, 125–131
Byrne, Janet 2012: *The Occupy Handbook.* New York – Boston – London
Camus, Jean-Yves 2015: *En se plaçant hors du ›système‹, le FN se dédouane du soupcon.* In: Libération, 22.12.2015
Caplan, Jane, John Torpey 2001: *Documenting Individual Identity.* Princeton
Chagnon, Napoleon A. 2014: *Noble Savages.* New York
Chait, Jonathan 2011: *War on the Weak.* In: Newsweek, 10.04.2011
Chamousset, Claude-Humbert Piarron de 1783: *Oevres complètes, Tome premier.* Paris
Cheney, Dick 2011: *In my Time.* New York u. a.
Christin, Olivier 2014: *Vox Populi.* Paris
Clastres, Pierre 1976: *Staatsfeinde.* Frankfurt
Clement, Simon (»A Merchant«) 1707: *A Vindication of the Bank of England.* London
Coke, Edward 1600: *Selected Writings of Sir Edward Coke in Three Parts, Vol. 1.* (Quelle: http://oll.libertyfund.org/titles/coke-selected-writings-of-sir-edward-coke-vol-i--5)
Coke, Edward 1826: *The Reports of Sir Edward Coke, Knt.: In Thirteen Parts* (Thomas/Fraser Hg.), Vol. 6, London

Collins, Gail 2014: *Mississippi Goes for the Money.* In: The New York Times, 25.06.2014
Collins, Lauren 2010: *All Together Now!* In: The New Yorker, 25.10.10, 38–48
Couturier, Brice 2014: *La tentation récurrente du bonapartisme.* France Culture, 06.03.2014
Cremeri, Benedikt D. A. 1792: *Der Bauernaufstand ob der Enns.* Linz
Cressy, David 2010: *Dangerous Talk.* Oxford
Cruikshank, Barbara 1999: *The Will to Empower.* Ithaca – London
Damler, Daniel 2008: *Wildes Recht.* Berlin
Danner, Mark 2014: *In the Darkness of Dick Cheney.* In: New York Review of Books, 06.03.2014
Darnton, Robert 2002: *Poesie und Polizei.* Frankfurt 1992
Darnton, Robert 2010: *The Devil in the Holy Water or the Art of Slander From Louis XIV to Napoleon.* Philadelphia
Davis, Rowenna 2012: *Where art thou, ›big society‹?* In: New Statesman, 26.03.2012
Dietrich, Theo, Job G. Klink (Hg.) 1972: *Zur Geschichte der Volksschule I.* Bad Heil
Dollinger, Heinz 1985: *Das Leitbild des Bürgerkönigtums in der europäischen Monarchie des 19. Jahrhunderts.* In: Karl Ferdinand Werner (Hg.), Hof, Kultur und Politik im 19. Jahrhundert. Bonn, 325–364
Dreier, Horst 1991: *Hierarchische Verwaltung im demokratischen Staat.* Tübingen
Dryden, John 1767 (1661): *The Miscellaneous Works of John Dryden, Vol. I.* London
Durkheim, Emile 1984 (1923): *Erziehung, Moral und Gesellschaft.* Frankfurt
Eibich, Stephan M. 2004: *Polizei, ›Gemeinwohl‹ und Reaktion.* Berlin
Eichhorn, Caroline v. 2014: *Was bleibt von Occupy?* In: Süddeutsche Zeitung, 15.09.2014
Erickson, Erik 2016: *The Will of the People is Crap.* (Quelle: http://theresurgent.com/the-will-of-the-people-is-crap/)
Ewald, François 1993: *Der Vorsorgestaat.* Frankfurt
Fontenelle, Bernard le Bovier de 1818 (1721): *Oeuvres de Fontenelle, Bd. 1.* Paris
Foucault, Michel 1977: *Überwachen und Strafen.* Frankfurt
Foucault, Michel 1994: *›Omnes et singulatim‹: Zu einer Kritik der politischen Vernunft.* In: Josef Vogl (Hg.), Gemeinschaften. Frankfurt, 65–93
Franklin, Benjamin 2003: *The Political Thought of Benjamin Franklin* (R. Ketcham ed.). Indianapolis.

Franzius, Claudio 2007: *Der Gewährleistungsstaat.* (Quelle: http://userpage.fu-berlin.de/~europe/team/FranziusC/texts/gew%E4hrleistungsstaat.pdf)
Friedrich d. G. 2007 (1752): *Das Politische Testament von 1752.* Stuttgart
Funk, Albrecht 1984: *Polizei und Rechtsstaat: Die Entwicklung des staatlichen Gewaltmonopols in Preußen 1848–1918.* Frankfurt
Garapon, Antoine 2016: *Globalisierte Gewalt.* In: Lettre Interantional, 112, 23–35
Gardner, Phil 1984: *The Lost Elementary Schools of Victorian England.* London
Gerber, Carl F. W. v. 1998 (1865): *Grundzüge des deutschen Staatsrechts.* Hildesheim u. a.
Gerstenberger, Heidi 2006: *Die subjektlose Gewalt: Theorie der Entstehung bürgerlicher Staatsgewalt.* Münster
Geyer, Christian 2016: *Sigmar, gewinnen Sie Bodenhaftung!* In: Frankfurter Allgemeine Zeitung, 13.05.2016
Ginzburg, Carlo 2008: *Fear-Reverence-Terror: Reading Hobbes Today.* Florenz, EUI
Gladstone, William 1869: *Politics as a Profession.* In: The Quarterly Review, 126, 273–286
Gottschling, Caspar 1713: *Staat von Amerika.* Halle
Graeber, David 2012: *Schulden: Die ersten 5000 Jahre.* Stuttgart
Graham, Lisa J. 2000: *If the King Only Knew.* Charlottesville
Gurr, Ted R. 1970: *Why Men Rebel.* London
Halpern, David 2015: *Inside the Nudge Unit.* London
Harl, Johann Paul 1812: *Schematisches Handbuch der sämtlichen Staats- und Kameral-Wissenschaften etc.*, 1. Teil. Erlangen
Harrington, Brooke 2016: *Offshore-Paradiese sind unheimliche Orte.* In: Süddeutsche Zeitung, 23.05.2016
Harris, Robert D. 1987: *Review.* In: American Historical Review, 92/2, 426
Hayek, Friedrich August 1976: *Law, Legislation and Liberty, Vol. 2: The Mirage of Social Justice.* Chicago
Hegel, G. W. F. 1976 (1831): *Über die englische Reformbill.* In: G. W. F. Hegel, Werke, Bd. 11. Frankfurt, 83–128
Hegel, G. W. F. 1986 (1821): *Grundlinien der Philosophie des Rechts.* Frankfurt
Hegel, G. W. F. 2012 (1837): *Vorlesungen über die Philosophie der Geschichte.* Frankfurt

Hirschman, Albert O. 1990: *Exit, Voice and Loyalty.* Cambridge, Mass.
Hirschman, Albert O. 1987: *Leidenschaften und Interessen.* Frankfurt
Hobbes, Thomas 1984 (1651): *Leviathan.* Frankfurt
Hoffmann-Riem, Wolfgang 1997: *Tendenzen in der Verwaltungsrechtsentwicklung.* In: Die Öffentliche Verwaltung, 50, 433–442
Hole, Robert 1989: *Pulpits, Politics and Public Order in England 1760–1832.* Cambridge
Ishkanian, Armine, Simon Szreter (eds.) 2012: *The Big Society Debate.* Cheltenham
James I 1994 (1599): *Basilicon Doron.* In: Johann P. Sommerville (Hg.): King James VI and I: Political Writings. Cambridge, 1–61
Jefferson, Thomas 1985: *The Portable Thomas Jefferson* (M. D. Peterson Hg.) Hammondsworth u. a.
Johnston, Stephen 2011: *Tea Party Culture War.* Eunumclaw, WA
Jordan, Sylvester 1843: *Jordan's Rede über den kurhessischen Verfassungsentwurf v. Jahre 1831.* In: Bibliothek politischer Reden aus dem 18. und 19. Jahrhundert. Erster Band. Berlin, 238–258
Kafka, Franz 1996 (1926): *Das Schloss.* Frankfurt
Kahnemann, Daniel 2012: *Schnelles Denken, langsames Denken.* Berlin
Kantorowicz, Ernst H. 1990: *Die zwei Körper des Königs.* München
Keohane, Nannerl O. 1980: *Philosophy and the State in France.* Princeton, N. J.
King, James E. 1949: *Science and Rationalism in the Government of Louis XIV, 1661–1683.* Baltimore
Kitch, Aaron 2009: *Political Economy and the States of Literature in Early Modern England.* Aldershot
Knöbl, Wolfgang 1998: *Polizei und Herrschaft im Modernisierungsprozess.* Frankfurt
Kühne, Thomas 1994: *Dreiklassenwahlrecht und Wahlkultur in Preußen 1867–1914.* Düsseldorf
Kuhlemann, Frank-Michael 1992: *Modernisierung und Disziplinierung.* Göttingen
Kula, Witold 1986: *Measures and Men.* Princeton
Laband, Paul 1887: *Rezension Mayer.* In: Archiv für Öffentliches Recht, 2, 149–162
Laband, Paul 1919: *Deutsches Reichsstaatsrecht. 7. Auflage.* Tübingen
Lafiteau, Joseph-François 1724: *Moeurs des sauvages américans: comparées aux moeurs des premiers temps, Tome 2.* Paris

Lahotan, Louis Armand de Lom d'Arce Baron de 1704: *Dialogues de Monsieur le Baron de Lahontan et d'un savage dans l'Amerique.* Amsterdam
Laube, Adolf, Hans Werner Seiffert (Hg.) 1975: *Flugschriften der Bauernkriegszeit.* Berlin
Le Goff, Jacques 1988: *Wucherzins und Höllenqualen.* Stuttgart
Le Roy Ladurie, Emmanuel 1978: *The French Peasantry 1450–1660.* Berkeley – Los Angeles
Lipson, Ephraim 1913: *The Elections to the Exclusion Parliaments 1679–1681.* In: The English Historical Review, 28, 59–85
Locke, John 1977 (1689): *Zwei Abhandlungen über die Regierung* (W. Euchner Hg.). Stuttgart
Locke, John 1986 (1693): *Gedanken über Erziehung.* Stuttgart
Loison, Marc 2007: *L'école primaire française.* Paris
Loughlin, Martin 2009: *In Defence of ›Staatslehre‹.* In: Der Staat, 48, 1–27
Louis XIV 1860a (1666): *Mémoires pour l'instruction du Dauphin,* Bd. 1 (Ch. Dreyss Hg.). Paris
Louis XIV 1860b (1666): *Mémoires pour l'instruction du Dauphin,* Bd. 2 (Ch. Dreyss Hg.). Paris
Lüdemann, Susanne 2004: *Metaphern der Gesellschaft.* München
Luhmann, Niklas 1968: *Status quo als Argument.* In: Horst Baier (Hg.), Studenten in Opposition, Bielefeld, 74–82
Luhmann, Niklas 2008: *Die Politik der Gesellschaft.* Frankfurt
Luyendijk, Joris 2015: *Unter Bankern.* Kindle-Edition
Macaulay, Thomas 1866: *Speeches.* London
Machiavelli, Niccolò 1986 (1532): *Der Fürst.* Stuttgart
Mäder, Claudia 2016: *National und sozialistisch.* In: Die Zeit, 27.02.2016
Mandeville 1980 (1705): *Die Bienenfabel oder Private Laster, öffentliche Vorteile.* Frankfurt
Marx, Karl 1972 (1852): *Der achtzehnte Brumaire des Louis Bonaparte.* Berlin
Mayer, Otto 1924: *Deutsches Verwaltungsrecht, Bd. 1.* Berlin
McGregor, Oliver R. 1951: *Civil Servants and the Civil Service 1850–1950.* In: Political Quarterly, 22, 154–163
Meckler, Marc, Jenny B. Martin 2012: *Tea Party Patriots: The Second American Revolution.* New York
Merrick, Jeffrey 1990: *Sexual Politics and Public Order in Late Eighteenth Century France.* In: Journal of the History of Sexuality, 68–84

Meßerschmidt, Klaus 2012: *Private Gesetzgebungshelfer – Gesetzgebungsoutsourcing als privatisiertes Regulierungsmanagement in der Kanzleiendemokratie?* In: Der Staat, 51, 2012, 387–415

Mill, John Stuart 2013 (1861): *Betrachtungen über die Repräsentativregierung.* Frankfurt

Mizruchi, Mark S. 2013: *Why the Decline in Corporate Statesmanship?* In: Harvard Business Review, 24.04.2013

Mönninger, Michael 2004: *Die Tochter des Polterers.* In: Die Zeit, 18.03.2004

Mohl, Robert v. 1834: *System der Präventiv-Justiz oder Rechts-Polizei.* Tübingen

Mohl, Robert v. 1844: *Die Polizei-Wissenschaft nach den Grundsätzen des Rechtsstaats.* Tübingen

Mohl, Robert v. 1846: *Ueber Bureaukratie.* In: Zeitschrift für die gesamte Staatswissenschaft, 3, 330–364

Mohl, Robert v., Karl Mathy 1847: *Gewerbe- und Fabrikwesen.* In: Carl v. Rotteck, Carl Welcker (Hg.), Staatslexikon, Bd. 5. Altona, 738–780

Mohl, Robert v. 1848: *Wohltätigkeitsanstalten.* In: Carl v. Rotteck, Carl Welcker (Hg.), Staatslexikon, Bd. 12. Altona, 800–809

Mohl, Robert v. 1962 (1869): *Staatsrecht, Völkerrecht und Politik, Bd. 3.* Graz

Morgan, Edmund S. 1988: *Inventing the People.* New York – London

Münchhausen, Thankmar v. 2015: *72 Tage. Die Pariser Kommune 1871 – die erste »Diktatur des Proletariats«.* Stuttgart

Münkler, Herfried 2004: *Die neuen Kriege.* Reinbek b. Hamburg

Narr, Wolf-Dieter, Claus Offe 1975: *Wohlfahrtsstaat und Massenloyalität.* Köln

Neumann, Franz 1988: *Behemoth.* Frankfurt

Neveu, Hugues, Eva Österberg 1997: *Norms and Values of the Peasantry in the Period of State Formation: A Comparative Interpretation.* In: Peter Blickle (Hg.), Resistance, Representation, and Community. Oxford, 155–184

Nicolovius, Alfred (Hg.) 1835 (1563): *Fürstenspiegel verfaßt von Anna Maria, Markgräfin von Brandenburg und Herzogin von Preußen etc.* Königsberg

Nieke, Margaret T. 2005: *Literacy and Power: The Introduction and Use of Writing in Early Historic Scotland.* In: John Gledhill et al. (Hg.), State and Society: The Emergence and Development of Social Hierarchy and Political Centralization. London, 231–245

Northcote, Stafford H., Charles E.T. Trevelyan 1854: *On the Organization of the Permanent Civil Service Together With a Letter from the Rev. B. Jowett.* London

Nyssen, Friedhelm 1974: *Das Sozialisationskonzept der Stiehlschen Regulative und sein historischer Hintergrund.* In: Klaus L. Hartmann u. a. (Hg.), Schule und Staat im 18. und 19. Jahrhundert. Frankfurt, 292–322

Obenaus, Walter 1940: *Die Entwicklung der preußischen Sicherheitspolizei bis zum Ende der Reaktionszeit.* Berlin

Oertzen, Peter v. 1974: *Die soziale Funktion des staatsrechlichen Positivismus.* Frankfurt

Ozouf, Mona 1982: *L'École, l'Église et la République (1871–1914).* Paris

Ozouf, Mona 1988: *Festivals and the French Revolution.* Cambridge, Mass.

Packer, George 2013: *The Unwinding.* New York

Packer, George 2014: *Dead Certain. The Presidential Memoirs of George W. Bush.* In: The New Yorker, 29.11.14, 75

Parker, Henry o. J. (1642): *Observations Upon Some of His Majesties Late Answers and Expresses.* Milton Keynes

Pausch, Robert 2016: *Partei der radikalisierten Mitte.* In: Die Zeit, 14.03.2016

Payne, Joseph 1876: *A Visit to German Schools.* London

Pepys, Samuel 1981 (1660–1669): *Tagebuch.* Stuttgart

Perkins, Tom 2014: *Progressive Kristallnacht Coming?* In: Wall Street Journal, 24.01.2014

Peterson, Merrill D. 1985: *The Portable Thomas Jefferson.* Hammondsworth u. a.

Pitkin, Hanna F. 1967: *The Concept of Representation.* Berkeley u. a.

Pölitz, Karl H. L. 1823: *Die Staatswissenschaften im Lichte unserer Zeit, Zweiter Teil.* Leipzig

Priester, Karin 2007: *Populismus.* Frankfurt – New York

Priézac, Daniel de 1652: *Discours politiques.* Paris

Putnam, Robert D. 1995: *Bowling Alone: America's Declining Social Capital.* In: Journal of Democracy, 6/1, 65–78

Putnam, Robert D. 2000: *Bowling Alone: The Collapse and Revival of American Community.* New York

Ramirez, Anthony 1996: *Was the Plague of Athens Really Ebola?* In: New York Times, 20.08.1996

Rawls, John 1971: *A Theory of Justice.* New York

Reich, Robert 2012: *Beyond Outrage.* New York

Reinhard, Wolfgang 2007: *Geschichte des modernen Staates.* München

Renan, Ernest 1882: *Qu'est-ce qu'une nation?* (Quelle: www.bmlisieux.com/archives/nation04.htm)

Ritter, Gerhard A. 2010: *Der Sozialstaat.* München

Robespierre, Maximilien de 1867: *Premier discours au peuple réuni pour la fête de l'Être-Suprême, 8 juin 1794*. In: Auguste Vermorel (Hg.), Oeuvres de Robespierre. Paris, 337 f.
Rochedy, Julien 2013: *Le marinisme est une bonapartisme*. In: Agoravox, 05.12.2013
Rohan, Henri de 1666 (1634): *De l'interêt des princes et des Etats de la chrétienté*. Köln
Rosenbach, Marcel, Holger Stark 2014: *Der NSA-Komplex*. München
Rousseau, Jean-Jacques 1986 (1762): *Gesellschaftsvertrag*. Stuttgart
Rousseau, Jean-Jacques 1989 (1755): *Abhandlung über den Ursprung und die Grundlagen der Ungleichheit unter den Menschen*. In: Ders., Sozialphilosophische und Politische Schriften. Zürich, 59–161
Rudhart, Ignaz 1816: *Die Geschichte der Landstände in Bayern*. Band 2, 3. und 4. Buch. Heidelberg
Rüstow, Alexander 1958: *Nicht Versorgungsstaat, sondern Vitalpolitik*. In: Wirtschaftsring e.V. (Hg.), Vorträge anlässlich der Frühjahrstagung des Wirtschaftsrings e.V. Bonn, 3–26
Schlögl, Rudolf 2014: *Anwesende und Abwesende: Grundriss einer Gesellschaftsgeschichte der Frühen Neuzeit*. Konstanz
Schlumbohm, Jürgen 1997: *Gesetze, die nicht durchgesetzt werden: ein Strukturmerkmal des frühneuzeitlichen Staates?* In: Geschichte und Gesellschaft, 23, 647–663
Schmitt, Carl 1958: *Verfassungsrechtliche Aufsätze*. Berlin 1958
Schmitt, Carl 1934a: *Der Führer schützt das Recht*. In: Deutsche Juristen-Zeitung, 39, 1934, 945–950
Schmitt, Carl 1934b: *Über die drei Arten des rechtswissenschaftlichen Denkens*. Berlin
Schmitt, Carl 1991: *Politische Romantik*. Berlin
Schmitt, Carl 1996: *Politische Theologie*. Berlin
Schönhuth, Ottmar F. H. 1852: *Ludwig Napoleon Bonaparte*. Reutlingen
Schulze, Wilfried 1998: *Klettgau 1603. Von der Bauernrevolte zur Landes- und Policeyordnung*. In: Heinrich R. Schmidt (Hg.), Gemeinde, Reformation und Widerstand. Tübingen, 425–431
Schuppert, Gunnar-Folke 1981: *Die Erfüllung öffentlicher Aufgaben durch verselbständigte Verwaltungseinheiten*. Göttingen
Scott, James C. 2009: *The Art of Not Being Governed*. New Haven – London
Sheehan, James 1983: *Der deutsche Liberalismus: Von den Anfängen im 18. Jahrhundert bis zum Ersten Weltkrieg*. München

Siemann, Wolfram 1985: *»Deutschlands Ruhe, Sicherheit und Ordnung«*. Tübingen 1985
Sigrist, Christian 1994: *Regulierte Anarchie*. Münster
Sitrin, Marina 2011: *Ein Nein! Viele Jas! Occupy Wallstreet und die neuen horizontalen Bewegungen*. In: Carla Blumenkranz et al., a.a.O., 60–64
Skocpol, Theda, Vanessa Williamson 2010: *The Tea Party and the Remaking of Republican Conservatism*. New York [KindleBook]
Smelser, Neil J. 1989: *Self-Esteem and Social Problems: An Introduction*. In: Andrew Mecca et al. (eds.), The Social Importance of Self-Esteem. Berkley u.a., 1–23
Smith, Adam 1985 (1759): *Theorie der ethischen Gefühle*. Hamburg
Smith, Adam 1993 (1776): *Wohlstand der Nationen*. München
Smith, Hannah 2004: *The Idea of a Protestant Monarchy in Britain 1714–1760*. In: Past and Present, 185, 91–118
Smith, John T 2008: *A Victorian Class Conflict?* Eastborne
Sombart, Werner 1906: *Warum gibt es in den Vereinigten Staaten keinen Sozialismus?* Tübingen
Spencer, Herbert 1981 (1884): *The Man versus the State*. Indianapolis
Stein, Lorenz v. 1850: *Geschichte der socialen Bewegung in Frankreich von 1789 bis auf unsere Tage, Bd. 3*. Leipzig
Stiehl, Ferdinand (Hg.) 1854: *Die drei preussischen Regulative vom 1., 2. und 3. Oktober 1854 über Einrichtung des evangelischen Seminar-, Präparanden- und Elementarschul-Unterrichts*. Berlin
Strong, Roy 2005: *Coronation*. London u.a.
Struve, Tilman 2004: *Staat und Gesellschaft im Mittelalter*. Berlin
Sunstein, Cass 2013: *Nur ein Stupser und der Mensch wird vernünftig*. In: Frankfurter Allgemeine Sonntagszeitung, 27.01.2013
Sunstein, Cass, Richard Thaler 2003: *Libertarian Paternalism is Not an Oxymoron*. Working Paper, University of Chicago Law School
Sunstein, Cass, Reid Hastie 2014: *Wiser: Getting Beyond Groupthink to Make Groups Smarter*. Cambridge, Mass.
Surowiecki, James 2014: *Moaning Moguls*. In The New Yorker, 07.07.2014, 36
Swann, Julian 1995: *Politics and the Parlement of Paris under Louis XV, 1754–1774*. Cambridge
Szodruch, Alexander 2008: *Staatsinsolvenz und private Gläubiger*. Berlin
Task Force 1990: *Toward a State of Esteem*. Sacramento
Thaler, Richard H. 2008: *Nudge: the Gentle Power of Choice Architecture*. (Quelle: http://chicagobooth.edu/capideas/may08/5.aspx)

Thaler, Richard H., Cass R. Sunstein 2008: *Nudge: Improving Decisions About Health, Wealth, and Happiness.* New Haven (dt. 2010)
Thatcher, Margret 1987: *Interview for Woman's Own (›no such thing as society‹).* In: Margret Thatcher Foundation. (Quelle: www.margaretthatcher.org/document/106689)
Thukydides 2004 (454–399 a. D.): *Der Peloponnesische Krieg.* Stuttgart
Tomasky, Michael 2014: *The State Where the Right Won the Culture War.* In: The Daily Beast, 10.10.2014
Tomasky, Michael 2016: *The Dangerous Election.* In: The New York Review of Books, 24.03.2016
Turner, Frederick J. 1931 (1921): *The Frontier in American History.* New York
Urbinati, Nadia 2006: *Representative Democracy.* Chicago
Weber, Harold M. 1996: *Paper Bullets.* Lexington
Weber, Max 1972 (1922): *Wirtschaft und Gesellschaft.* Tübingen
Weber, Max 1993 (1919): *Politik als Beruf.* Stuttgart
Wehler, Hans-Ulrich 1994: *Das deutsche Kaiserreich 1871–1918.* Göttingen
Wenzel, Franz 1974: *Sicherung von Massenloyalität und Qualifikation der Arbeitskraft als Aufgabe der Volksschule.* In: Klaus Hartmann u. a. (Hg.), Schule und Staat im 18. und 19. Jahrhundert. Frankfurt, 323–386
Williams, Rachel 2011: *Will the National Citizen Service Stop Young People From Rioting?* In: The Guardian, 30.08.2011
Wilson, Thomas 1925 (1572): *A Discourse Upon Usury* (R. Tawney ed.). London
Xenos, Nicolas 1990: *Scarcity and Modernity.* New York 1990
Zamoyski, Adam 2015: *Political Paranoia and the Creation of the Modern State, 1789–1848.* New York
Žižek, Slavoj 2011: *Das gewaltsame Schweigen des Neubeginns.* In: Carla Blumenkranz u. a., a. a. O., 68–77
Zolberg, Aristide R. 1972: *Moments of Madness.* In: Politics and Society, 2, 183–207

Zeitschriften

Berliner Zeitung vom 29.09.2014
Daily Mail vom 02.11.2011
Die Zeit vom 06.08.2009, 27.03.2014, 22.01.2015
Frankfurter Allgemeine Zeitung vom 29.09.2014
Handelsblatt vom 11.01.2015

Le Monde vom 01.11.2011
Los Angeles Times vom 05.06.1990
Süddeutsche Zeitung vom 15.10.2014, 30.07.2015, 06.04.2016
The Guardian vom 15.10.2010, 03.02.2013
The New York Times vom 03.08.2011, 11.03.2013, 24.10.2014, 14.12.2014, 19.05.2016
The Telegraph vom 14.02.2011
The Washington Beacon vom 11.12.2015
The Washington Post vom 20.10.2014, 12.11.2015
Wall Street Journal vom 28.01.2014